出品人：张建初　文武

U1021335

苏州男人

SUZHOU MEN

陶渊刚　徐伉　著

苏州大学出版社
soochow university press

图书在版编目(CIP)数据

苏州男人/陶渊刚,徐伉著.—苏州:苏州大学出版社,2014.11
ISBN 978-7-5672-1060-8

Ⅰ.①苏… Ⅱ.①陶… ②徐… Ⅲ.①男性—名人—人物研究—苏州市 Ⅳ.①K820.853.3

中国版本图书馆 CIP 数据核字(2014)第 253178 号

书　　名:苏州男人

著　　者:陶渊刚　徐　伉
责任编辑:刘　海
装帧设计:拙　石

出版发行:苏州大学出版社(Soochow University Press)
出 品 人:张建初　文　武
社　　址:苏州市十梓街 1 号　邮编:215006
印　　刷:苏州工业园区美柯乐制版印务有限责任公司
网　　址:www.sudapress.com
E - mail :Liuwang@suda.edu.cn　　QQ:64826224
邮购热线:0512-67480030
销售热线:0512-65225020

开　　本:787mm×1092mm　1/16　印张:14.75　字数:166千
版　　次:2014 年 11 月第 1 版
印　　次:2014 年 11 月第 1 次印刷
书　　号:ISBN 978-7-5672-1060-8
定　　价:39.00 元

凡购本社图书发现印装错误,请与本社联系调换。服务热线:0512-65225020

九章文化中心出品
PostNine Cultural Centre

自古吴儿多奋勇（代序）

THE PREFACE

苏州是一个专有地域名词，虽然随着时代的变迁，它的辖区或大或小地变化着，仔细想来这个地域名自然还带着很深的历史性，随之展开的就是它的人文画卷，因为有了这些沉甸甸的内涵，苏州的这个“它”也就可以称为“他”了。

他是个代词，男人本来就是“他”。按着出生地主义的要义，也许“他”出生于斯——苏州，一生都打着吴人的烙印，譬如一国之君的阖闾和夫差；但按着生活地主义的观点，也许“他”只是长于斯——苏州，然后“他”把最美好的年华献给了苏州，“他”是苏州的奠基者，“他”是苏州历史的参与者，“他”是苏州文化的创造者，譬如楚人伍子胥、齐人孙武。

于是，没人会在乎一粒种子的来源，在乎“他”是不是苏州的种（zhǒng），而在意“他”从此落下来种（zhòng）在苏州的土壤里，虽然源头近乎荒蛮，但足以豪气干云。

于是，从品类学的意义上说，“他”就是苏州。这样的逻辑混乱吗？有一点儿。但我们的眼睛是清亮的，只要用心去看，你会发现这些男人的历史被记录被传颂甚至被遗忘着，因为他们或生于斯，或长于斯，苏州的历史也就这样被记录被传诵甚至被遗忘着。说得再玄乎点儿，用苏州话来说就是“瞎讲讲”，假如我们把遗忘也作为一个角度或者说视角来看，有一些东西就非常有趣了。网络上最近流传着一个段子，说有两份名单，第一份名单是傅以渐、王式丹、毕沅、林召堂、王云锦、刘子壮、陈沅、刘福姚、刘春霖，第二份名单是李渔、洪昇、顾炎武、金圣叹、黄宗羲、吴敬梓、蒲松龄、洪秀全、袁世凯，多数人对第一份名单一无所知却对第二份名单耳熟能详，而谜底是第一份名单全是清朝科举状元，第二份全是当时的落第秀才。揭晓这样的谜底无非是为了证明高考不是唯一的出路并以此来宽慰莘莘学子，但这在我看来却是一种遗忘，一种对历史断章取义的故意的遗忘。名单里面恰巧有好几个苏州男人——我们不能遗忘的苏州男人，从他们的经历中我们看到了人生中一些更深的东西，那些偶然和必然、那些奋争和无奈甚至是一些宿命的东西，而这恰恰是不能仅仅用名气来诠释的那些遗忘。末了，遗忘都已变成了那些“糯米城砖”，可静默、可攻略、可守备、可补给，终于筑就了一座桂花大城。

男人们在历史中游荡着在文化中变迁着，然而既然他们与吴地结下了不解之缘，我们也就自然而然地给他们建立了一个文化户籍，套用一句广告用语，我们不是历史的创造者，我们只是历史的搬运工。而这样的归属深深地镌刻着苏州这个质朴的铭章，后生们赶紧上前，仔细看，上面还有一行字若隐若现：自古吴儿多奋勇，从来干戈化玉帛。

是为序。

文武

2014年7月25日于苏州植园

目录

CONTENTS

前言一

THE FOREWORD ONE

在英语中，“Man”是：一个男人；Men是：男人们，而Mental的意思是：内心的，精神的，心理的。从这个词源上看，似乎精神的源头来自于男人。如果说男人是精神的生产者，女人则是肉身的生产者，男人为女人的肉身注入精神，女人的肉身让男人的精神有所安顿。而这个世界因为有了男人和女人，于是就有了家。

可以说，苏州是中国文化的家园，因为这里有蜚声世界的苏州园林。而苏州园林就是传统社会中男人和女人的完美的家，传统文化中的儒道释都能在苏州园林里得以赋形与安顿。自近代至21世纪，苏州从早期通商口岸至今日的外向型经济的大城，西方文化又汇入苏州的文化融合之中。并且，自3000多年前的泰伯奔吴至如今的中国第二大移民城市，苏州始终在吸收外来文化的兼容并蓄中传承发展出自己的家文化。

古代的皇帝称自己的疆土为家天下，士大夫毕生营造的是诗书传家的世家，各领域的专家、作家、艺术家成为大家向往尊崇的名家，似乎这一切称谓都以家为符号，以家为枢纽，以家为收放，以家为起点和终点。于是，从家出发的苏州男人，在他们的人生之旅的精神（包括物质）生产中，无论身体走向了多远，家永远是他们在创造世界后必需的归宿。于是苏州园林成了世界文化遗产，苏州男人的家也朝向了天下，为天下人所解读和共享。

而个体的家是私密的，是安顿男人和女人的庇护所，在理解自己的家和天下的家的真谛之旅中，苏州男人走过了断发文身、渔猎稻耕的勾吴岁月；走过了金戈铁马、图霸中原的大吴胜壤；走过了衣冠南渡、文物清嘉的东晋南朝；走过了东南都会、流彩奔放的唐宋名邑；走过了万商云集、红尘富甲的元明清三朝；走过了中体西用、温和演进的辛亥民国，走入了古韵今风、中西兼容的当代苏州，从高昂步入低调，从壮阔敛入雅量，从倜傥淀入真挚。

你看苏州男人的家——苏州园林，苏州男人的城——苏州古城，低调、雅量的形式中塑造的也是低调、雅量的气质。在形式与气质的相互影响中，不渝的是对家的诉求与阐释。或许可以这么说，家文化是中国人对人类社会文明的最重要的贡献。苏州园林、苏州古城就是这种贡献的一份物质载体，而苏州园林、苏州古城的营造者——苏州男人以其精神与物质的生产，为家、为世界注入了一份灵魂，一份真挚。

世人也许曾这样评论苏州男人：阴柔、胆小、内敛、清淡、不胜酒力、注重物质享受的小日子、恋家等等。那么，或许与此相反相成，《苏州男人》这本书将告诉你苏州男人到底是怎样的。书中收录的50位苏州男人从泰伯肇始，以吴秀波收尾，他们中既有土生土长的老苏州人，也有外来的新苏州人。有叱咤风云的，有奇绝人生的，有豪迈刚劲的，有风流不拘的，有挚求真理的，有中流砥柱的，有沉浮无常的，有好运亨通的，当然也有坏名留史的。我们力图以多维的视角和辩证的眼光来解读苏州男人，也包括其中的败类，以此来还原一份真实，表达一份真挚，传播一份能量。这种真实、真挚与能量也应是苏州男人从家出发，走向天下，而最终又回归家园的一份驱动力，希望这份力量也以低调、雅量的方式驱动着Mental之旅，得以成就Men，成就苏州男人。

本书的古代人物由陶渊刚写就，近代、现代、当代人物由我执笔，尽管书中并没有直接展开论说苏州男人和家的关系，然而，对家，对国家，对天下为家的理解、抱负和情怀却在这些苏州男人的心路身影中或隐或现。全书评传结合，作者仅表一家之言，望读者朋友不吝批评指正。最后要感谢出品人文武的精彩选题，使我和陶渊刚在写作中即便遇到困惑，仍然不失动力。还要感谢苏州大学文学院教授曹林娣、上海禾合文化传播有限公司副总经理余晴菲、苏州九龙医院体检中心主任赵燕萍、法国巴黎第九大学硕士蔡琪多等几位优秀的苏州女士的评语推荐，她们为本书增色有加。

西方社会学巨匠马克思·韦伯曾说：“西方文化的精神旨在理性地支配世界，中国文化的精髓趋向于理性地适应世界。”

笔者在此作一寄望，即苏州男人能够在理性地支配、适应世界的人生之旅中，永续地去解读，去感受，去拥有他们的家！

谨以此书献给女儿徐子媛。

徐伉

2014年7月于苏州

前言二

THE FOREWORD TWO

一年之间回太仓参加了两次丧事，奶奶和外婆都以九十三岁的高龄故去了，这应该算是喜丧了吧。再往前推六年和二十几年我爷爷和外公在那个时候分别过世了，不像两位文盲老太太，他们都是识字的，外公的职业是裁缝，爷爷的成分是中农，字写得也工整，我自己看得只有汗颜的份了。这四个乡下人培养了我的父亲和母亲，他俩都在北京的名牌大学里完成了自己的学业。

整日里劳作的四个老人没读过历史，他们也没有留下自己令人称道的历史。

我十一二岁时父母从陕西秦岭的山里回到苏州，我被放养在太仓的中学里读了半年书，每天早上做裁缝的外公去镇上喝早茶听书，回来的时候总带着用草绳扎好的螃蟹，十只一串，它们一起发出的吐泡泡的声音让我感到很愉悦。外公说一块钱一串，那时我没钱的概念，只知道天天吃螃蟹吃到嘴巴都碎掉了，一喝水就疼，第二天继续吃。房子和水田周围的水沟里爬着无数的螃蜞，红色的，像烧熟的螃蟹，我一直想它们是不是从我家灶台里爬出去的螃蟹，但这个东西是没人吃的。爷爷则会酿酒，我喝他酿的米酒，一次两大碗，他还自己蒸馏米酒，成品应该就是白酒了，那个我不爱喝。

如今没有米酒，没有白酒，没有螃蜞，螃蟹则贵得要死，这些算不得历史只能说是过去，而有关外公被日本人抓去后游过长江偷跑回来的经历也是母亲当传奇故事一样讲述的，这个应该是家族史了，但我们这样的人家哪有什么能够传承的谱系呢？所以也就权当是我自己记忆中的历史了。

这些生活琐事不记录下来就没有了，消散了，说给女儿听她不会明白看到一只螃蜞觉得可爱、看到三十只爬了一地头皮发麻的感受，所以幸亏有那些闲来无事或者别有用心的人记录着自己听来看来甚至是亲身经历的事，不管大小，时间长了都化作历史而不是尘埃。感慨完了再想一想，如果我们的这些文字还能算得上是创作的话，其实还不是来源于文武先生的一个念头，这个关于苏州男人的念头说到底还是历史的念头。但我们不是研究历史科班出身的，许多历史谜团现在和将来对我们来说依旧是一团迷雾，写点文字的我们无意深陷期间，但我们有自己的解读方式，那就是顺畅。我们在历史的犄角旮旯里试图解读着这些历史上有名有姓的男人的经历，试图还原一些他们被世人疏忽甚至是漠视的经历，目的就是得到一种恍然大悟的顺畅的阅读快感。譬如说起范仲淹为什么不被苏州范氏接纳，了解了他的母亲谢观音的经历你就明白了，你甚至能理解范仲淹一度去店里当学徒的缘由，而且你也就明白了范仲淹的苦读故事《划粥断齑》被拔高的真实背景：一家都信佛的范仲淹在寺庙里读书能吃什么呢？譬如说清代苏州状元毕沅，一般人都说他年轻时到北方是去游学，然而作为江苏苏州人的毕沅怎么会在北京中了举人呢？原来当时的读书人有关系的都跑到录取率最高的顺天府去考试了，这叫“借籍”。“借籍”不成就只能“冒籍”了，这正是官府打击的丑恶现象，这和当今高考中一些借省籍甚至是国籍的“高考移民”现象又是何其的相似。所以说历史总是相似的甚至是处在不断重演当中的。

既然历史是这个样子，那历史中的男人也应该是这样的。我甚至能想象得出泰伯当年跑到这块荆蛮之地开荒拓土的无限热情，这与那些醉心于策略游戏的人在某些方面又是多么的契合。我甚至能体会到阖闾拿回属于自己的东西时的愤怒和季札的迷茫中的无奈，这是一个男人正常的情感，不论此时他身处历史之中还是之外。

在这里要感谢苏州很多的前辈，感谢他们写下的那些文字，有关历史的。其中还要特别感谢作家朱红先生，感谢他的一本叫作《话本苏州简史》的历史类书籍。

不论是苏州男人还是苏州历史，都当得起这三个字：真有趣。

谨以此书献给女儿陶妍昀。

陶渊刚

2014年7月于苏州

王的游戏：泰伯

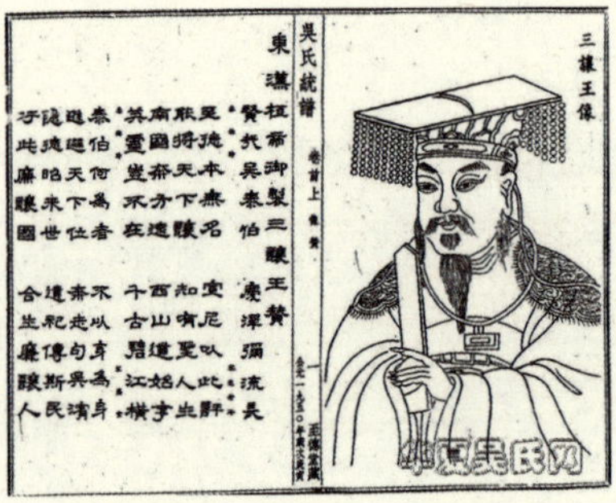

泰伯即吴太伯（约前1200年—？），一作吴泰伯，春秋时期吴国第一代君主。姓姬，吴氏，名泰伯。是商末岐山（在今陕西）周部落首领古公亶父（即周太王）长子。太王欲传位季历及其子昌（即周文王），太伯乃与仲雍让位于三弟季历而出逃至荆蛮之地号勾吴。吴太伯被后世奉为东吴文化的宗祖。吴人认为泰伯“志异征诛三让两家天下，功同开辟广抔万古江南”。司马迁则认为地处长江下游江南的“吴”是所有诸侯国中资历最深的西周姬姓同姓国，在所有世家中排第一。

家族世系：黄帝—少昊(又名玄嚣，黄帝长子)—蟜极—帝喾—弃(后稷，帝喾长子)—不窋(kū)—鞠—公刘(姬刘)—庆节—皇仆—差弗—毁隃(姬隃)—公非(姬非)—高圉—亚圉—公叔祖类(姬类)—古公亶父(姬亶，即周太王)—太伯、仲雍、季历(姬历，也称王季，姬亶第三子，周文王姬昌之父，周武王姬发的祖父)。

其实，整个故事就是泰伯和仲雍两兄弟组队进入一个叫作荆蛮之地的游戏副本，而这个游戏有个最响亮的名字：《封神榜》。

三千多年前的东亚大陆并不像现在这样在谷歌或百度的地图中事无巨细一览无余，那时无数未被开发的土地就那么安静地躺在云雾和森森树木下，尽管那时的北方经历了夏商几近千年的发展而又一次运行到命运的转折之处。勿庸讳言，历史愈久远，散落在时间长河中的真相就愈发地模糊，历史记述会由于所处角度的不同而产生巨大的差异，甚至不能排除有人故意而为之的可能，而此时对所谓真相的理解就不能用清晰或是模糊来定位，因为在另一面历史会向后来人展现它那狰狞的笑容。所以对于苏州来说，至关重要的这个人物因为时间久远而模糊的面容我们无法用言语来描述或形容，我们只能试图通过还原泰伯这个王的长子在东亚大陆的狼奔豕突（请原谅我用了这么一个词）般的迁徙来描述那个时代矛盾而模糊的历史面目。

主流的历史对泰伯的记述加起来不会超过两百个字，甚至还要捎带上他的兄弟仲雍，从更现实的角度来分析，他的弟弟仲雍才是我们苏州人的祖先之一，当然这是后话。而在这个伟大的游戏拉开序幕的时候，我们刚认识的泰伯与仲雍两兄弟作为游戏的参与者所要完成的第一个任务名叫“勾吴”，游戏中的NPC会告诉你如下一些简单的信息：周王古公亶父喜欢三子季历，想传位于季历，泰伯很有自知之明，他离开了。我们无法揣测泰伯心理活动的轨迹，留守还是离开这是一个哈姆雷特式的问题，相信这个问题他也问过自己无数遍了并做了无数次的推演：泰伯虽是王的长子，但弟弟季历的母亲和夫人却出身显赫，与殷商王室有着千丝万缕的关系；此时的王素有异心地做着一统天下的梦想而泰伯心存不同意见，我们不知道年纪尚浅却有一腔热血的三子季历是否已经博得王的欢心，但我们知道王最喜欢的一个人也出现了，那就是季历的儿子、王的孙子昌。这一幕与一段后世的历史是何其相似：康熙末年那场著名的八子夺嫡最终花落雍正，有个重要的原因就是康熙非常喜欢隔代的小弘历（乾隆）。大家都是明白人，于是泰伯离开了，不过那时泰伯只是稍稍离开了父亲的视线：他和弟弟仲雍来到了离岐山不远的吴山，那里是陕西的西边，一直是古老的狩猎民族吴的居住地。泰伯喜欢喝酒打猎，喜欢不停追逐的自由，这是先祖留在他血液中的本能，他知道他的家乡正发生着巨大的变化，越来越多的人放弃了狩猎，开始了农耕生活，那都是季历的母亲带来的变化，泰伯不喜欢，仲雍也不喜欢，于是他们再也不想回去了，他们在当地建立了"勾吴"（今陕西陇县的吴山一带），一个似乎透着十分神秘感的国名，虽然那只是一个几千人的小部落，虽然那里离自由的大海还远着呢。

游戏就这么进行着，没有什么意外的话泰伯和仲雍将在"勾吴"终其一生，然而王的一场病让兄弟俩触发了游戏的新任务——"采药"。父亲病重，不管如何泰伯、仲雍必然要回去探视，这里就出现了游戏的第一个重点：关于勾吴的地属。如果勾吴真的地处远在天边的太湖之滨，那么这个来回在时间上的花费是不可想象的，估计连父王的葬礼也来不及参加了。其实，这个"勾吴"就是吴公的意思，是对吴泰伯的尊称，所以非常遗憾，虽然被叫作"勾吴"，但当时它还是与以吴人自居的苏州没有任何联系，因为在那个时候我们这块地方被叫作"越"。王用不着多长时间就等到了回归的两个儿子，三个儿子一起来到父王榻前并且聆听了父王关于王位的遗嘱：由泰伯继承王位。是的，没有错，是泰伯，不用怀疑，就像当初大家都认为王位的继承者是季历一样。但是再仔细一想这一大家子的情况，所有人又都释然了：昌还会是下下下任周王。原因无他，泰伯没有儿子，而先周的祖制是长子继统、兄终弟及、弟传长孙，但此时的周已经部分融合了殷商的制度，考虑到仲雍一脉的弱势，王位八九不离十最终还将落到昌的身上。真相揭晓了，从善如流的王算盘打得噼啪响，传位长子，周族团结了，后顾无忧了，面子里子都全乎了。但唯一反对的人也出现了——泰伯他自己不干了，过渡政府无疑不符合他的理想，于是泰伯表示作为儿子恨不得替父生病，没办法治好父王的病只好去寻取一种特效药来治，只是这药必须到衡山去采集，当然这个衡山并不是后世通常所说的南岳衡山，而是在现今湖州附近，那里也是古越之地。周的统治集团兼家庭会议的最后决定是季历留下监国，泰伯、仲雍前去执行这项特殊的使命。

泰伯和仲雍又走了，所有的人都知道这是怎么回事，洒脱和自由对泰伯来说也许就是戒不掉的毒药。只是“采药”这个游戏任务最终没有完成，父王没有等到仙药的消息就死去了，泰伯和仲雍只能回去奔丧了。监国的季历又是旧话重提：泰伯大哥你就不要推辞了，请就王位吧。泰伯却二话不说亮出了杀手锏——采药途中学会的秘技“断发文身”：我已经和百越人一样剪了头发文了身了，不是文明人了，你们就放过我吧。这回终于没有人反对了，坚定的决心让泰伯终于如愿以偿地离开了，离开了他丝毫没有眷恋的故国，带着他那个永远的弟弟仲雍，而季历也在众望所归中继承了王位，而他的儿子昌也就是后来那个名叫周文王的伟大的君主。

《封神榜》这个关于正义与邪恶的游戏其实与接下来发生的事没有什么关系，我们一定也明白了那个关于勾吴、关于苏州的故事也只不过是这个伟大游戏的一个支线任务，尽管此时它们之间仿佛闪现着诸般因果。

泰伯和仲雍再次出走了，这一次不是两个人了，他们把勾吴那里愿意随他们而来的族人都带走了，一群人游游荡荡最终落脚在太湖的北面今无锡梅里附近，关于这个事情《竹书记年》只用了两个字来记载：适越。这两个字简单而真实地陈述了苏州人的先祖走到哪儿算哪儿地来到的地方其实就是越。百越之地，大家都叫它荆蛮之地，那时太湖被叫作五湖，而湖的周边也并没有有关吴的任何概念，越人的断发文身从外表效果看果然比中央之国落后了许多，如果你是真的这么想，那你就错得离谱了但是又幸运地蒙对了，真实的情况是五湖流域高度发达的农耕文明——良渚文化其实正是华夏五千年文明史的曾经的最高代表，然而那场著名的大水将这所有的一切都打回原形，禹的父亲鲧治水九年不息，再换禹又是多年，这最少十几年的洪水和海水倒灌足以摧毁这个辉煌着的文明，当然那时离泰伯的适越已经有一千年的时光。可以想象，进入还算得上地广人稀的五湖流域，带来的是擅长游猎的北方人，又有断发文身的越人装扮，在这个游戏副本中泰伯一群人是当然的顶尖玩家，那些捉鱼种稻的土著居民无疑是些陪衬，司马迁所谓的“荆人义之”恐怕也是不得已而为之的聪敏抉择，然后“归之千余家”终于组成了个大的社团，不要小看这几千人的规模，根据推断，泰伯和仲雍未离开时的周族也就万把人而已。

泰伯和仲雍的到来对五湖流域必定产生了深刻的影响，先周的文化在此落地生根，改变了其原有的发展轨迹，和那些流行的策略游戏一样，泰伯为防外敌侵犯，打出了勾吴的旗帜，又亲率当地群众在梅里的荆村、蛮巷、梅村一带筑起土城，这也许是更高层次的社会组织形式，能更好地吸引和帮助整个地区的快速发展。然而毕竟是北方游猎文化，先吴的统治者们并不注重文化的传承，此后的数百年间的历史并无详细的记述，而反观与殷商融合的季历一族，却最终夺得中原的正统，所以普遍认为吴在建立后的数百年间落后于中原文化，在游猎文明和农耕文明的融合过程中占有不同的强势地位也许是导致文化走向不同的最终原因。但无可否认，同是王的后裔，吴国却对后来的周朝并无感情且素无往来，仔细想来却很有意思，按照先周祖制，王应将王位传于泰伯，再传于仲雍，再传季历，再传泰伯长子，泰伯无子，当传仲雍之子。尽管灭商后的周武王开创的周朝祭族排名是太王、泰伯、季历、仲雍、昌的顺序，恐怕吴国的后代君主却始终怀着那颗耿耿于怀的心。

一个关于王朝传承的故事并不像游戏那样拥有各种可能性，它那唯一的结果仿佛让历史凝重了许多，如果在这种心理定位上带些游戏的心态，我们会在历史迷雾中不断找到让自己会心一笑的片段，而作为吴文化的祖先，姬姓吴氏名泰伯（也作太伯）的这个苏州男人，当他穿行在东亚大陆的一隅，探索着属于他自己的天地时，也许正像那些真正的游戏者一样充满了激情和对未知的渴望。

夏称震泽、商称五湖的那片大湖，泰伯之后终被称作：太湖。

磨砂镜子里的面容：阖闾

吴王阖闾（？—前496年），一作阖庐，姬姓，吴氏，名光，又称公子光，吴王诸樊之子（《左传》《世本》作吴王余眛之子），春秋末期吴国君主，公元前514年—公元前496年在位。

公元前515年，吴王阖闾派专诸刺杀吴王僚，夺取吴国王位。吴王阖闾执政时期，以楚国旧臣伍子胥为相，以齐人孙武为将军，使国势日益强盛。公元前506年，吴军在孙武、伍子胥率领下，从淮水流域西攻到汉水，五战五胜，攻克楚国都城郢都，迫使楚昭王出逃。后楚臣申包胥入秦乞师，在秦廷哭了七天七夜，才使秦出兵助楚复国。公元前496年，吴王阖闾在与越国的槜李之战中中箭重伤而死。

历史是面镜子的说法大概可以追溯到唐代，唐太宗在《贞观政要·俭约》中将阖闾作了一回镜子："洎乎阖闾违礼，珠玉为凫雁。"大意是"相反，吴王阖闾违背礼制，用珠玉做成野鸭大雁"，这是在讨论帝王葬礼时李世民的发言。所处时代不同，人们对事情的看法也自然不同。阖闾所葬的虎丘山如今却是吴中第一名胜，豪华葬礼恰恰成为旅游业的大卖点，也算是荫及子孙了。其实，这两个历史上有名的帝王有着诸多的相通之处，譬如雄才大略，譬如慧眼如炬，譬如武功高强，譬如宫廷政变，当然在夺权这一共同点上两个人还是略有差别的，如果让他们两个都爬起来照镜子，李世民面对的是一面清晰的镜子，而阖闾面对的就是面磨砂镜了。李世民的清晰之处是因为屠兄杀弟时父皇还在，用争位的姿态在历史上还能摆出一副正统的说辞，而阖闾的模糊之处却是直接把堂弟在王位上干掉了，王位的得来伴随着杀君的巨大罪名，如果不是吴国在他手里中兴，他铁定会作为反面教材而遗臭万年。

虽然历史人物总是要有被人评说的自觉，但对于夺权一事阖闾本人一定会大声辩解一句：该是我的还是我的。总的来说，责任也并不全出自阖闾，在他还叫公子光的那个时候，他就认为吴王僚也就是他的堂弟这个王位也得之不正，这个矛盾的显现又出在名字中有季这个字眼的王室成员身上，上一次是季历，这一次是季札，当然都是小儿子，看来帝王之家与平民没什么区别，都是喜欢幺子的。吴王寿梦有四个儿子，按年纪大小排列分别是诸樊、余祭、余眛、季札，寿梦将死之时想传位于最小的儿子季札，然后就是一圈兄死弟及的你让我让，最后的结果是诸樊做了十二年王，余祭做了十七年，余眛做了四年，在经历前后总共三十三年的光阴后终于轮到季札了，这个王位季札已经让了三十三年了，此时如果不让估计也就是常说的晚节不保，不能名垂青史了，于是继续让，但季札做了一件令人费解的事：他让余眛的儿子州于即位，也就是吴王僚。然而此事却大有蹊跷。

“礼有旧制，奈何废前王之礼，而行父子之私乎？”季札数次让位的言辞大体上就是这句对寿梦说的话，仍旧是长子继统、兄终弟及、弟传长孙的理由，前面的三个哥哥他让了三次了，那么他第四次让位时为何不选择诸樊的儿子公子光而选了公子州于呢？也许有人会说弟传长孙其实是年纪最大的孙子而不是长子之孙，说不定州于年纪比公子光大呢。那么且看季札第五次让位时的发言：“苟前君无废，社稷以奉，君也。吾谁怨乎？”这是阖闾杀掉王僚后假惺惺地再一次让位给叔父时季札的言辞。我们来模拟一下当时的真实情景：季札听见阖闾说想把王位让给自己，便神情落寞地说：“如果父王寿梦没有废掉先周祖制（也就是前述长子继统、兄终弟及、弟传长孙的制度），那么公子光你将继承王位。我去怨谁呢？”前面那句陈述句证明公子光是有继承权的长孙，关键是后面那句：“我去怨谁呢？”这句自问的话隐含了季札无奈的真实想法：寿梦已经废除了祖制让我季札即位，可是我不愿意，三十三年后我要选继承人的时候也可以不按祖制，所以我选了公子州于。于是季札陷入自己的逻辑混乱中，一方面，按祖制应该是公子光继位，另一方面，寿梦未按祖制选季札做王，而季札因为推辞又造成实际的传承依旧是按祖制，而他却又不按祖制选了另一个侄子州于为吴王。所以这次血腥的宫廷政变最后的结果就是在季札的建议下，一班人马去祭奠了一下前吴王僚，平静地结束了统治者集团内部的这次内讧。

作为孔子的老师的季札一直在中原做着学问，在王位继承上对先周祖制的取舍成为问题的根源，套用一句流行语，那就是文化冲突，但不管怎么样，阖闾终于如愿以偿登上了王位。毫无疑问季札并不喜欢阖闾，一个原因恐怕是阖闾年纪太大了不怎么听话，活了九十岁的季札比阖闾晚死十年，阖闾即位时季札六十岁了，阖闾当时也年知天命了，多年的军旅生涯让阖闾也许看起来比一直研究周礼的大儒季札更显老；另一个原因恐怕就是阖闾从小并没有被当成一个王位继承者去培养，他的父亲诸樊毫无疑问坚决执行寿梦的遗愿，效法泰伯，一心想把王位传给弟弟季札，年轻的时候公子光早早就参军打仗了，这件事情倒有诗为证，屈原在名作《楚辞·天问》中说："勋阖梦王，少离散亡，何壮武厉，能流厥严。"公子光在即位前的数十年间一直活跃在与楚国战争的最前沿，单是参与的大战役就有十次之多，不停的进攻和防守让公子光成长为一代名将，而落于草莽之中的经历让他深知人民之苦，他的民本思想、节俭作风让他在政治上又更符合强敌环伺下吴国的发展方向，这里需要特别指出的是，如果为同时代的各国君王们颁发奖项，阖闾一定会将一个重要的大奖收入囊中："国家科学技术进步奖"。当然在答谢的时候他会感谢寿梦感谢诸樊感谢余祭。吴国的冶炼铸造技术遥遥领先于其他诸侯国，除了拥有以干将、莫邪为首的庞大的铸造师队伍外，吴国还控制着安徽铜陵一带的古铜矿资源，而青铜一定是这个时期国家最重要的战略资源，当同时期的其他诸侯国把青铜用于铸造礼器时，在寿梦以后的吴国君主和贵族们却很少在墓葬中使用这些稀有金属铸成的礼器，反而将青铜大量用于军事和农业生产，在军事上铸造了大量名噪一时的诸如吴戈、青铜剑等大规模的杀伤武器，在史书中提到的干将、莫邪、湛卢、鱼肠等名剑都出现在吴国。而大量制造青铜农具也是吴国的一大特点，其中的青铜犁、青铜齿镰在数量和先进性上大大领先于其他各国，而同时期的中原有些地方还用着石质农具，这对于农业生产效率的迅速提高无疑起到了巨大的作用。所以吴王阖闾最终获得春秋霸主这个荣誉称号也是众望所归。

然而在以一个大器晚成的帝王形象登上历史舞台展现其霸主实力时，阖闾的真正面目始终淹没在一些莫名的墨色中并被其所渲染，在一些史书中，他被描述成历史上有名的明君的同时又被贴上了不少负面的标签，除了前述“刺僚”怀疑其王位的正统，还有“要离刺庆忌”“破楚后的侮辱门”等，我们就来一一甄别。

“要离刺庆忌”无疑是最伟大的刺客故事之一，在这个中国版失败的王子复仇记中我们看到了伍子胥策划导演招募演员，要离假装得罪吴王，吴王杀死要离的妻子和孩子，要离为求效果逼真自残一臂后投奔庆忌，然后要离择机刺杀了庆忌，凶手和被害者惺惺相惜后一起从容赴死这几幕大戏，尤其是最后一幕吴国第一勇士庆忌被刺后反而释放要离时的豪言和要离一番壮语后的自戕的桥段将整个故事推上道德的巅峰，令人唏嘘不已。这个出现在《吴越春秋》上的故事因为强烈的戏剧冲突、鲜活的人物个性，我们最终只能把它看作是个故事，尽管在《史记》《战国策》中都有此记载，但排列下来庆忌第一次出现在史书上是在成书最早的《左传》对公元前475年的记述中，大意就是庆忌谏言吴王时说得太惊悚了：“不改掉它，就灭亡了。”吴王不听，庆忌就跑到楚国，后来听说越国要攻伐吴国就回来抗战了，大概途中又跑到越国劝说了一番，可惜他去过的那两个地方都是吴国的死敌，所以吴人把他杀了。这个事情发生在吴王夫差时期，而且庆忌是被作为可能的叛国者处死，具体是不是夫差斩尽杀绝也不得而知，但是经过一些有目的的加工，阖闾杀人父子夺权灭后的残暴行为跃然纸上。

“侮辱门”其实也是个逐步丰满起来的故事，从一开始的片言只语到最后在《烈女考》中人物对话的出现，重点就是阖闾几乎灭楚进入楚的都城郢后做的一些作为占领者的不齿行为，一句话就是按照官阶等级进行大规模的强奸，其中阖闾强奸楚王之母，伍子胥等将大夫之妻强奸，其他的各按等级排序。从前因后果来分析，其实这就是对楚国的一种侮辱，而这种仇恨的背后却另外隐藏着不为人知的缘由，伍子胥不必说了，阖闾也有一番惨痛的经历：他的父亲诸樊就是在伐楚时被楚军射死的，而且据说是史上第一个在战场上被敌方打死的国君，也许阖闾小时候蹉跎的命运也与此有关。倒是有个细节很有意思，在同时代的诸多史书都提到此事，而司马迁对此却只字未提，要知道只有他在《史记》中称庆忌为“王庆忌”，也就是说他认为阖闾是个篡位者，这是个很奇怪的状况，更应该添油加醋的反而无动于衷。战争中的这类过激行为一定比比皆是，司马迁并不认为这算什么大事，而其他史书却一直演绎着那些夺人眼球的事件，也许这是后世史书的无奈之举吧。

然后再说说半条鱼这个只在《吴越春秋》中记载的故事，翻译成白话文就是父王阖闾在饭桌上商议伐楚事宜时不小心给了问题少女滕玉公主半条吃剩下的蒸鱼，公主因此觉得受了侮辱而挥鱼肠剑自杀了。这个故事的重点是公主自杀后阖闾的表现：他为女儿造了大墓，里面金鼎玉杯，豪华不已，在做法事吸引了大量民众前来观看后关上墓门，一万多人陪葬，神剑湛卢因为感到阖闾的残暴而水遁到了楚国。寿梦后青铜都不大用于吴国的墓葬，更遑论金鼎了，有考古表明，连嫁女时送的陪嫁品中的青铜物件阖闾都要说明是用打仗抢来的金属制成的，而一万多人陪葬还在伐楚之前，这更是无稽之谈，难道后果仅仅是国人骂骂而已吗？《吴越春秋》一定也知道这事不靠谱，但就像如今的狗仔队已经被吸引眼球的新闻诉求所绑架而欲罢不能一样，最终还是把它记载了下来，好在它也留下了很有意思的线索：公主的名字。公主的名字有两个，一作胜玉，一作滕玉，胜玉很好理解，与“剩鱼”谐音，但在笔者的老家太仓附近的方言中，蒸东西就是“燉（方言读音dèng）东西”，也就是说滕玉就是“燉鱼”的谐音。也许这是巧合，也许这就是历史的趣味之所在。

公元前515年，为庆祝与楚国一次战争的胜利，公子光宴请吴王僚时在地下室中埋伏了勇士，吴王僚也知道宴无好宴于是穿着三层铠甲还带着无数士兵赴宴，只是在专诸将鱼肠宝剑藏在鱼腹中走向他时他还一无所知地喝着酒唱着歌，此前的一刻公子光已离席而去，理由是脚有伤去地下室包扎去了。公元前496年，即位十九年的吴王阖闾在征伐越国——他人生的最后一战中因为感染了败血症或是破伤风而死去，此前的不久，越大夫灵姑浮曾以戈击伤了阖闾，而伤口就在他那个大脚趾。

一个戎马一生的苏州男人就这么走向了人生的尽头，走向了忽明忽暗的历史深处。

“游荡”的君王：夫差

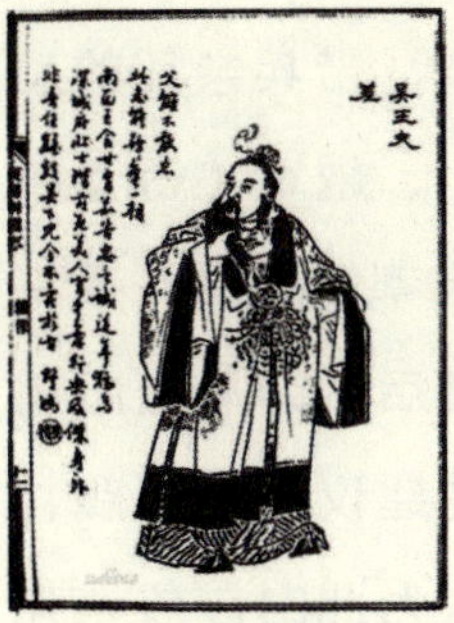

夫差（？—前473年），姬姓吴氏，春秋时期吴国末代国君，阖闾之子，公元前495年—前473年在位。前494年于夫椒之战中大败越国，攻破越都（今浙江绍兴），使越屈服。此后，又于艾陵之战中打败齐国，全歼十万齐军。前482年，于黄池之会与中原诸侯歃血为盟。夫差执政时期，吴国极其好战，连年兴师动众，造成国力空虚。勾践不忘会稽之耻，国力逐渐恢复。趁夫差举全国之力赴黄池之会时，越军乘虚而入，并杀死吴太子。夫差与晋争霸成功，夺得霸主地位后匆匆赶回。前473年，越再次兴兵，终灭吴国，夫差自刎。

刚坐到吴王宝座上的夫差用现在的话说就是拿到了一副好牌，虽然是中途上场顶替阖闾参与这场牌局，夫差却一点也不怯场，因为阖闾是把刚摸到的好牌理好了才交给他的：文有全能型选手伍子胥、白喜他们使太湖地区拥有着极高的农业生产效率，武有兵圣孙武，掌握着大规模杀伤性武器——吴钩。经过一番征战的阖闾刚晋升为春秋五霸，威震四方。总之一句话，要人有人要钱有钱，架不住夫差还特谦虚特精进：每天上朝时立在宫门边的武装甲士在他经过时都要高声问一句：你忘了勾践杀了你父亲吗？每次夫差都回答说不敢忘掉。一个事业型的苏州男人跃然纸上。

历史虽有悬念但更讲实力，所以勾践就只能卧薪尝胆去了。公元前494年，越王勾践听闻吴王夫差正加紧训练军队准备攻越以报父仇，决定先发制人出兵攻吴，于是两军大战于夫椒，带兵亲征的吴王夫差当时可是左青龙（伍子胥）右白虎（孙武），越军（奇怪的称呼？）的战败并不出乎意料，损失惨重的勾践退守都城会稽，后来连都城也不保，仅剩五千余人被包围在会稽山，最后的结局众所周知：越王勾践投降被俘，夫差却没有听从伍子胥的建议杀死勾践，而是把他带回吴国囚禁了起来。几乎所有的人都认为此时应该杀死勾践，那样的话，勾践就不可能后来再整出什么美人计什么反间计什么拖刀计之类的幺蛾子来，也就没什么后来的吴越争霸的事了。

夫差真的是一个刚愎自用、荒淫无度又有妇人之仁的苏州男人吗？

掀开历史面纱的时候，客观上我们所看到所听到的都是被认为我们应该看到和听到的，主观上我们总是被其中我们感兴趣的片段所吸引，而另一些历史片段则被我们自己选择性地忽略过去，但始终要强调一点，历史的问题最终也应该由历史来解答。夫差是吴国的君王，他的判断和抉择一定有他自己思考的角度，对夫差来说也许这是个非常正确的决定。当我们走马观花地扫视春秋时期太湖流域的历史时，我们发现了一个隐藏得很深的奇特的历史现象——“游荡”的君王。说出来也不稀奇，就是吴越地区比较重大的战争中君王基本都是亲征的，在冷兵器时代这样的亲征时间之长作为现代人是难以理解的。譬如吴王阖闾伐楚，从阖闾九年（公元前507年）年初出发，直到阖闾十年（公元前506年）的十月间阖闾才返回吴都，而阖闾返国的原因是在伐楚战争初期立下汗马功劳的弟弟夫概自立为吴王，阖闾是赶回去平叛而已，否则的话他仍旧在楚国境内四处“游荡”，其明证就是当时伍子胥和孙武还继续留在楚国打游击呢。而另一个更有说服力的例子是夫差的死对头勾践，勾践在发动最后一次灭吴战争前他的夫人送别时只送到房屋照壁的位置，勾践出去后将门关上又用土堆上，勾践夫人就散发席地而坐三个月，而勾践此去竟有三年之久。再回到吴王夫差自己身上，夫椒之战后他继续着伟大的征伐事业，伐陈、伐鲁、伐齐、伐晋，最终在公元前482在黄池之会上让吴国拥有了自建国以来史上最大的版图。

这样一个喜欢亲征喜欢在别国领土游荡的人，这样一个将大部分时间花费在武力上甚至可以说穷兵黩武的国王他会沉湎于西施的美色吗？回答这个问题之前我们有必要重新认识一下位列中国古代四大美人之首的西施。首先，越国进献的这个美人其实是没有名字的，早于吴越争霸约两个世纪的管仲在他的《管子·小称》中就有“毛嫱、西施，天下之美人也”之说，有人据此认为西施其实是古代美女的代称而已，这种看法是相当有说服力的。譬如后世卖豆腐的美女被称作豆腐西施，做某某事的美女被称作某某西施，未曾听说某某貂蝉、某某昭君等称谓，由此可见其一斑。其次这个美人是卖柴女，大脚，文化素质不高，所以勾践给她穿绫罗绸缎并训练了她三年，也就是进行了现代所谓的包装。考察当时两国的人文情况，文化相对接近中原的吴国大概有五六十万人（其中有十万军人），而更“蛮”一些的越国大概只有二三十万人，在这样的人口状况下，除去跟随贵族打仗的男人，女人一定承担了大量的劳作，所以这样一个美女应该不会是手捧心口袅娜浣纱的柔弱形象，更接近真实的西施也许是个身形矫健麦色皮肤的娇憨的少女形象，这更可能讨得尚武君王夫差的欢心。第三，关于西施的去向问题更为可疑。《墨子·亲士》中感慨“西施之沈（通沉），其美也”，这个美人的最终结局是沉入水中的，通常的说法是灭吴后被勾践投入水中溺死或者是自己投水自杀的。然而此事在时间和执行人上都大有蹊跷，西施之死在时间上应有所提前。就在吴王夫差达到他人生顶峰的那一刻，也就是黄池之会上被尊为霸主的那一年，勾践乘吴国国内空虚发动了反击的第一战，在被称作“姑苏之战”的这次战争中勾践攻陷了吴国首都并杀死了吴太子，焚毁了姑胥台，此时的西施就已经只有死路一条了：要么身在吴都或姑胥台因战而被杀，要么被夫差或其手下杀死。但她绝不会被勾践所杀，因为勾践没有杀死她的理由：后世为了突出范蠡的睿智而将勾践描绘成一个可共患难不可与福同享的卑鄙小人，虽然吴国此役后大伤元气国力已与越国相当，但俗话说瘦死的骆驼比马大，此刻离夫差自戕、吴国灭亡还有近九年时间，勾践远没有胜利者兔死狗烹的闲情逸致。而如果西施一直待在夫差身边（这个可能性已经非常大了，经常在边界和别国领土游荡的夫差需要女人，需要体力好能适应他随时风餐露宿的女人），夫差和他的手下将其杀死则有了最大的可能——他们在面对吴越战争中的滑铁卢一般的失败时怎么会没有什么反应呢？而传闻中西施的死亡方式更进一步证明了这种推理的合理性，“吴亡后，越浮西施于江，令随鸱夷以终”。被经常引用的这句话是《吴越春秋》的原话，但翻遍此书并无关于西施后事的片言只语，又有人说此句是此书逸篇中所说，出处姑且不论，然而通过以上分析，我们可以大致描绘出这样一个场景：公元前482年，夫差率吴军主力北上争霸，越王勾践乘乱大败吴国，面对形同废墟的国都和姑苏台，夫差不得不把我们称为“西施”的美女放在充气的大酒袋中推入江中随波逐流，空气逐渐泄漏，西施就这么随着酒袋沉入江心之中。

追本溯源，从另外一个角度去分析，成为霸主的阖闾留给夫差的遗产其实也只能称为负债资产：虽然国力足够强大，但吴国的西面是死敌楚国，北面是劲敌齐鲁，东面是大海，南面是宿敌越国。所以虽然公元前494年的夫椒之战已经达到灭越的实际效果，但从战略上考虑，一个臣服的越国，一个国王都作为人质的越国，一个向吴国源源不断提供物资的越国其实更符合吴王夫差南征北战的宏大构想，而随便杀死一个投降的诸侯国国君既不利于自己的名声也会让吴军在今后的争霸战中增加抵抗的阻力。此后夫差这个王者的眼睛投向北方而忽略了渐渐发生变化的越国，勾践数次趁吴国国内空虚的时机发动了以消灭吴国有生力量为目标的偷袭战后，一个由量变到质变的复仇故事也就如约上演了。基于同样的原因，公元前473年，勾践将夫差围困于姑苏山时并不自己动手而是不断派人逼迫夫差，谈判未果，这个末代吴王最终只能选择伏剑自杀。也许此时的夫差想起了在长江南北来回游荡的“男儿何不带吴钩”的兵戎岁月，但他应该早已忘记了八九年前那个年轻、充满着活力的美貌女子走向死亡的瞬间。

我更愿意相信这个美女不是被装在袋子里而是坐在鸱夷之上被推入江中的，因为一个飘荡的灵魂也许比一个挣扎的灵魂更具有凄美的感觉。而夫差那个游荡着的灵魂却始终在历史的尘埃中无声地嘶叫着。

“杀”星：伍子胥

伍子胥（前559—前484年），春秋末期吴国大夫、军事家，名员，字子胥，本楚国椒邑（今湖北省监利县黄歇口镇，一说今安徽省全椒县）人。

伍子胥之父伍奢为楚平王子建太傅，因受费无极谗害，和其长子伍尚一同被楚平王杀害。伍子胥从楚国逃到吴国，成为吴王阖闾重臣，是姑苏城（苏州城）的营造者，至今苏州有胥门即与之相关。公元前506年，伍子胥协同孙武带兵攻入楚都，伍子胥掘楚平王墓，鞭尸三百，以报父兄之仇。吴国倚重伍子胥等人之谋，西破强楚，北败徐、鲁、齐，成为诸侯一霸。

伍子胥曾多次劝谏吴王夫差杀勾践，夫差不听。夫差急于进图中原，率大军攻齐，伍子胥再度劝谏夫差暂不攻齐而先灭越，遭拒。夫差听信太宰伯嚭谗言，称伍子胥阴谋倚托齐国反吴，派人送一把宝剑给伍子胥，令其自杀。伍子胥自杀前对门客说：“请将我的眼睛挖出置于东门之上，我要看着吴国灭亡。”在伍子胥死后11年，吴国为越国偷袭所灭。

伍子胥应当说是个地标系人物，当然这仅仅是对于苏州男人这个历史和现实的群体来说的，因为在他之前只有吴国而没有苏州。公元前514年的阖闾元年，刚上台的吴王阖闾被伍子胥说服建立了古苏州城，那时的伍子胥“相土尝水，象天法地”，俨然一副苏州城投开发总监的派头。

古苏州城也就是阖闾大城的建立代表了吴国终于有资格加入到春秋争霸的乱战之中，如果将吴国最后几十年辉煌和陨落的历史制作成一部电影的话，伍子胥无疑是其中穿针引线的主要角色，他的人物定位也绝不是那个所谓的技术型官僚，尽管在建造苏州城时也许是伍子胥人生中最平静的一段时光，如果强行给予这样一个一生都充满悲剧色彩的苏州男人一个影视界的称呼，那就只能是“杀”星了，恍如后世的谐星周星驰和打星成龙那般。

伍子胥初登历史舞台就是从被追杀开始的。他那个说出“不飞则已，一飞冲天；不鸣则已，一鸣惊人”的祖先在楚国也算是知名人士，所以说伍子胥无疑是个官二代，然而这个家族有个不好的传统——谏言，也就是总对国王说些不中听的话，几次下来楚平王终于怒了，伍子胥的父亲伍奢就此入狱，而伍子胥和他的哥哥伍尚就如他们父亲断定的那样对此表现出截然不同的态度：伍尚毅然从容赴死，伍子胥则誓言报仇。不用怀疑，当时父兄被楚平王屠戮而死只能追随旧太子先后在宋国、晋国和郑国寻求庇护的伍子胥就是条丧家之犬，而随后旧太子在动荡中被杀终于让他做出了奔吴的决定。于是他带上旧太子的儿子胜又跑上了被追杀的路途，这部史诗电影就在这个时候出现了两段无比煽情的情感戏：要渡江逃命的伍子胥登上了无名渔夫的小船，伍子胥却始终都疑心渔夫的真实用意，毕竟楚国的重金悬赏是非常诱人的，然而在提供了一顿饭食之后这个无名渔夫却自沉于江中，舍生而取义；默然前行的伍子胥又碰到一个在河边洗涮的女子，饥肠辘辘的伍子胥乞食于她，然而这位未嫁之女待饭食被伍子胥吃掉后也投濑水而死，舍生而取贞。这两段发生在伍子胥颠沛流离的逃亡生涯之中的历史故事无疑有着强烈的悲剧意味，然而仔细品味，它们确实让伍子胥这段被追杀的历程充满了一丝神秘的气息。

奔吴当然是伍子胥最好的选择，当时吴国和楚国两国简直就是一对冤家，它们的关系恶劣到什么程度呢？两个养蚕的女子在两国边界为争一棵桑树上的桑叶发生了口角，互相扯着头发打了起来，事情演绎下去就没女人什么事了，因为最后的结果是两国举兵相伐。所以敌人的敌人就是朋友，身形高大、膀阔腰圆的伍子胥流落在吴国的街头就引起了关注，吴王僚也准备把他当作引进人才看待，然而当时的公子光却要了个手段，他一面对吴王僚说伍子胥帮吴国肯定是有报仇的私心，另一面却私下招募伍子胥。初来乍到的伍子胥哪里会不明白其中的奥妙之处，于是他明里选择了归隐，暗里却向公子光靠拢，而且他的方式很特别：推荐杀手。当时的公子光有心杀吴王僚自己上位，伍子胥就向他推荐了逃亡途中结识的异人专诸，专诸这个人的奇异之处就是怕老婆，伍子胥亲眼看到专诸打架前气势逼人、怒发冲冠，结果老婆一喊“专诸，回家吃饭”，专诸二话不说立马就乖乖回去了，伍子胥特地问专诸为何会有这般神奇的表现，专诸回答得非常有哲理：“只有能屈身于一人之下，方能凌驾于万人之上。”正是这样一个铁骨柔肠的真汉子手握鱼肠宝剑完成了行刺吴王僚的千古绝杀，尽管其自己也被当场斩成了肉泥。另一场著名的刺杀当然就是要离刺庆忌了，刺客要离也是伍子胥向吴王阖闾推荐的异人，为了接近庆忌，要离甚至让阖闾杀了自己的妻儿斩了自己的手臂，完美演绎了“对自己狠才是真的狠”这句话的真谛，虽然这个故事过于狗血和煽情的结尾破坏了其可信度（要离和庆忌在你死我活的斗争中居然成为惺惺相惜的精神挚友）。当然，不幸的是伍子胥推荐的人都属于有去无回那一类的，这也实在是由这两个人的工作性质决定的，然而伍子胥靠着这种逐渐显露出来的知人善任的能力优势在楚国的宿敌吴国彻底立下了脚跟，吴王阖闾的核心领导层无疑也有了他一席之地。

就像罗马不是一天建成的，建造比罗马的建成还早近五百年的古苏州城也必定是个浩大的工程，伍子胥在此期间向吴王阖闾推荐了诸如孙武、白喜等富有才干的高级干部，而他所做的这一切都是为了他那最简单最直接的目标——复仇，尽管此时他的仇人楚平王已经死了好几年了，他还为此一度陷入了迷茫。在随后的数年，吴楚之间爆发了几次大规模的战争且都以吴的胜利而告终，阖闾九年，也就是公元前506年，伍子胥终于站到了离他人生目标最近的地方，吴军五战皆胜最终使得楚昭王出逃，吴军随后进入了楚的都城郢，抓不到楚昭王的伍子胥把楚平王的墓掘开鞭尸三百，“左足践腹，右手抉其目”，完成了他那杀死一个死人的奇特复仇方式。

不用怀疑，“杀”星伍子胥肯定是楚人的眼中钉，定居吴国成了他必然的选择，此时的他的地位也一定达到了位极人臣的地步，这在吴王阖闾立太子一事上有了充分表现，《吴越春秋》记载了在阖闾犹豫不决之时，夫差一直央求伍子胥替他说话，伍子胥说了一句：“太子未有定，我人则决矣。”后来阖闾果然听从伍子胥的建言而立夫差为太子。虽然后来的历史证明对伍子胥而言这恰恰是自掘坟墓的举动，然而吴王夫差当政的前期确实是取得了梦幻般的开局，伍子胥继续发挥他“杀”星的威力破楚战齐伐越并取得了巨大的成功，当时楚国不得不迁都，齐国不断讨饶，而越王勾践只能远离国土当了吴王夫差的马夫。然而，伍子胥和夫差恰恰在这个时候出现了战略性分歧，警觉的伍子胥不得已捡起祖上谏言的老传统，几次进言不但没有劝说成功反而演变成朝堂之上的怒气相争，君臣之间也就日益疏离了，非常有远见的伍子胥知道吴国已经暗藏杀机，就利用出使齐国的机会把自己的儿子托付给齐国的鲍氏，然而无疑这成为压死骆驼的最后一根稻草。

吴王夫差终于不耐烦伍子胥的啰嗦又对伍子胥托子于齐的行为产生了猜疑，公元前484年夫差赐属镂之剑令其自杀，此后犹不解恨又将其分尸，身体投于江中而头颅高挂于城楼。这个称得上是传奇人物的伍子胥历经三代吴王，年轻时家破人亡被追杀，中年时几乎灭楚得以复仇，老年时却又因谏而被自杀，一代“杀”星就此陨落。

当年他的头颅高挂于城门之上，双目怒睁眼看城外，相传那是他想看看越王勾践是如何灭吴进城、进入那个他一手缔造的城市的。那座城门是因为遥对姑胥山得名还是因为后人对伍子胥的怀念而得名已不能考，反正那个历经千百年的城门就叫作胥门。

如今站在胥门城垛西望，你却看不到城市的边缘，因为极目远眺处依旧还是苏州城。

新苏州人：孙武

孙武子(约前545年—前470年)，字长卿，汉族，齐国（今山东惠民）人，春秋时期吴国将领。春秋时期著名的军事家、政治家，尊称兵圣。他是兵法家孙膑的先祖。

他曾率领吴国军队大破楚国军队，占领了楚的国都郢城，几近覆亡楚国。其著作《孙子兵法》十三篇，为后世兵法家所推崇，被誉为“兵学圣典”，置于《武经七书》之首，并被译为英文、法文、德文、日文，成为国际上最著名的兵学典范之书。

生命在于运动。

中国的文明史是靠中国汉字这种文字传承下来的，在蔡伦改良了造纸术使得廉价纸被大量使用之前中国文字大都记录于竹简之上，中国文明史的两次大浩劫也因此有了可以想象的落脚点：一次是精神上的运动，秦的焚书坑儒把大量的有文字记载的竹简烧毁；

另一次是物理上的运动，隋炀帝在灭亡前将历代的文化遗存装了两艘船打算运走，不幸的是船沉了。可见对文化来说无论是精神上还是物理上的运动都具有不可想象的风险，会出现文化断裂的可能。但如果你将这类话语对着春秋战国时期的诸子百家去说，那你一定会被唾沫星淹死，因为这些先行者们正是在身体层面不断的移动和精神层面不断的交流之间完成了对号称五千年文明古国的文化的初步构建。所以树挪死人挪活这句话有其独特的历史含义：文化就是一棵树，无论你留意还是不留意，它都静静地矗立在原野上，不卑不亢；而与这棵树共生的文明缔造者仿佛树下那些蚂蚁，无论你关心还是不关心，他们都在辛勤地耕耘着，不卑不亢。

孙武当然也是这样一个运动着的生命个体，无论在物理还是在精神层面都是这样的，更为有趣的是，对孙武来说连他家族的姓氏都是运动着的：两百年间这个家族从陈姓到田姓再到孙姓就这么变化着，原因嘛主要就是国君和国家一直都在变化着，这是动荡的时代特有的运动印迹。孙武这个齐国人不远千里来到吴国并且定居于穹窿山脚下是他在游历了诸多国家之后做出的人生最重要的决定，而同样的情况在当时的吴国特别突出，在各版史书上主要刻画的人物伍子胥、白喜、伯嚭包括孙武都是如此，对于当时蒸蒸日上的吴国来说他们都是外国人，虽然他们奔吴的原因各异，但对于历代吴王来说，外来的和尚会念经恐怕已然成为一种时尚。孙武当然会念经，而且念得不是一般的好，这源于孙武自己对“专注”这个词的诠释：他一生的宗旨就是研究战争并想把自己总结前人记述集大成的理论用于实战。所以四十岁的孙武躬耕于穹窿山脚的田野，一面总结着自己那划时代的理论，一面等着吴王的三顾茅庐让他变成真正的吴人或是苏州人。当然，那时的他还不能被称为苏州人，但我们能肯定地称呼他为“新苏州人”：对他来说后来的苏州是个全新的城市，对苏州来说孙武必定是第一批新居民。因为这个时候阖闾和伍子胥这两个最佳搭档正把搭建苏州城作为最重要的工作来抓。

伍子胥其实是他的老相识了。

作为在后来的春秋争霸战上同样的常胜将军，伍子胥可能早在吴王僚的时代就与孙武结识了，两个聪明人的交流对彼此各有裨益，也许会擦出思想的火花也为未可知，反正在营造苏州城结束后吴王阖闾终于决定对宿敌楚国动武时伍子胥向他推荐了孙武，而且前后总共是七次。你没看错，是七次，求贤若渴的吴王阖闾为什么始终不愿意见孙武呢？原因就出在伍子胥身上，因为伍子胥作为猎头推荐孙武时介绍说他是吴人也就是本土自学型人才，也许伍子胥本意是好的，然而效果却是糟糕的，阖闾对国人的才能没有自信，所以后来当阖闾终于抹不开面子接见孙武时也许就是副不以为然的面孔，但在听了孙武介绍他的十三篇理论著作后阖闾却又兴奋过度，立即让他去训练两队宫女以检验实际效果。历史的记载恰恰在这里出现了分歧，《史记》说孙武是齐人，《吴越春秋》却说他是吴人，这就是部分真相在历史的物理运动中被损耗掉了的明证，合乎情理的推断也就要靠我们自己去脑补了。但不管怎样，孙武终于第一次站在了吴国的校场上，这场著名的女民兵队列训练终于以阖闾的两个宠姬被孙武杀死而载人史册，我们不难想象只有醉心于自己无上光荣事业的猛人才能做出这种焚琴煮鹤的举动。阖闾毕竟是个有雄心的明君，他很快从两个心爱女人死亡的不良情绪中走了出来，他意识到了孙武理论上的先进性和在实用上的价值，于是孙武被任命为将军去训练吴国的士兵，已经住在苏州城里的“新苏州人”孙武不得不在离城很远的兵营里起早贪黑地摸爬滚打，这样的训练整整持续了六年时光。没有具体的史料记载孙武是如何训练士兵的，但冷兵器时代的作战出人意料的结果往往源于纪律和勇气，譬如周武王牧野之战灭商时他的兵力不足五万，而纣王号称七十万，但其中大部分是奴隶，这样一触即溃的战况历史上也不鲜见。

阖闾九年(公元前506年)，吴王拜孙武为将军，伍子胥、伯嚭为副将，率领水陆精兵三万人从阊门出发，兴师伐楚。吴国大军进抵淮汭时孙武突然下令全军舍舟登岸改从陆路进攻，直插楚国纵深。伍子胥认为吴军善水战，便疑惑为何要改从陆路进军。孙武解释说用兵作战最贵神速，逆水行舟速度迟缓不利于打楚国个措手不及。于是吴军步行急行军，先进蔡国，后入唐国，抵达汉水东岸，完成了千里奔袭的任务。此时楚昭王大惊失色，紧急调遣子常、沈尹戍等领兵二十万仓促赶到汉水西岸抵御吴军进攻。孙武指挥吴军佯装畏怯厌战节节败退，引诱子常率领大军进逼，一步步诱使楚军进入吴军准备决战的柏举地区，十月间孙武就在此地歼灭了楚军主力。吴楚之战是春秋以来规模最大的战争之一，吴国以三万精兵击败楚国二十万大军，五战五胜，最后直捣郢都，几乎灭楚。

公元前494年，吴王夫差为报阖闾受伤致死之仇决定兴师伐越。在夫椒之战中孙武指挥陆军和水军均取得大胜，越军军心动摇，不得不仓皇退逃，吴军紧追不舍，步步进逼，深入到越国腹地，勾践害怕遭受城破、君亡、国灭的厄运，便带着五千名残兵逃出都城，跑到会稽山上，想凭借山险固守。吴军乘胜一举攻占了越国都城后把会稽山团团围住，勾践只得向吴国请降，吴国取得了与越国交战以来前所未有的胜利。

这两次由孙武指挥的战争无疑都取得了辉煌的战果，着重在这里记述这样两次战争一方面是为了证明孙武不仅是理论的巨人同时还是行动上的巨人，另一方面也是为了阐述历史给后人留下的诸多困惑：从古至今有相当一部分研究历史的人认为并不存在孙武这个人，而且其中还不乏名人，因为在主要历史记载中他都是突然出现又突然消失的，连他的生卒年份都还没有真正的定论，他的名字孙武亦被看作是另外两个军事家孙膑和吴起的合称，同样，由于后世并没有《孙膑兵法》流传下来，《孙子兵法》也被看作是孙膑或是后人托名而成。历史的真相在文化的运动中消散和变形也是可以想象的，但好在孙武是个幸运的新苏州人，1972年山东临沂银雀山西汉墓出土了大量的竹简，其中同时出土了《孙子兵法》和《孙膑兵法》，在《孙子兵法》中还出现了记录孙武与吴王对答的《吴问》，于是我们可以为之骄傲的苏州男人孙武终究还是能够继续潇洒地在史海中浮沉。

功成身退的孙武选择继续留在了吴国，终老一生前他也许目睹了伍子胥的悲惨结局，也许看到了吴王夫差最终被命运吞噬的过程，然而这已影响不到他，他把所有的精力都花在继续修订他那本皇皇巨著《孙子兵法》上，也许只有在完成的那一天他才会感到浑身轻松。

也许在那一天历史匆匆的脚步也才有了片刻的安宁。

“牛刀”：言偃

言偃（前506年—前443年），字子游，又称叔氏。汉族，春秋时吴地常熟人。孔门72贤弟子中唯一的南方弟子。擅文学，曾任鲁国武城宰，阐扬孔子学说，用礼乐教育士民，境内到处有弦歌之声，为孔子所称赞。孔子曾云：“吾门有偃，吾道其南。”意即我门下有了言偃，我的学说才得以在南方传播。故言偃被誉为“南方夫子”。后人配祀孔庙，称“十哲人第九人”。唐以后言偃多次被追封。明嘉靖时改称“先贤言子”。清康熙时设置五经博士一员，由言偃后裔世袭。今虞山镇言子巷有言子故宅，虞山东岭有言子墓，学前街有言子专祠，州塘畔有言子故里亭。

言偃出生于吴地，成年后到鲁国就学于孔子，从言偃比孔子年轻四十五岁来看，他当是孔子晚年的学生。孔子有弟子三千，贤人七十二，言偃即为七十二贤人之一。

公元281年一个月黑风高的夜晚，盗墓者否准（fǒu biāo）纠集一小撮犯罪分子盗掘了战国时代的一座墓，墓里藏有大量的竹简，盗墓的当然不当回事，点着了竹简当火把继续着“鬼吹灯”的暗黑事业，官府闻讯赶来时早已人去墓空，这个被传说是魏襄王墓的所在就只剩下那批残缺不全的竹简了。这批竹简对中国文化来说却是一笔巨大的财富，因为作为始皇帝焚书运动中的漏网之鱼，它们被整理后诞生了一部奇怪的史书《竹书纪年》，譬如它明确记载了“舜囚尧于平阳，取之帝位，复偃塞丹朱，使不与父相见也”，按照它的说法根本没有尧舜禅让这样的千古佳话，全是赤裸裸的争夺与算计，这与儒家学派的历史观大相径庭。

我们不知道历史为什么展现出两副决然不同的面孔，不知道当年在对上古历史的解读中孔子做了怎样的取舍，但有个情节可能会说明点问题，孔老夫子参加完一次祭祀活动后曾仰天长叹，边上的学生就问：“老师您为什么叹气？”夫子说：“我没有赶上大道实行的时代和三代（夏、商、周）英明人主当政的时代，可心里总是很向往啊。”接着他滔滔不绝地向弟子描述了“谋闭而不兴，盗窃乱贼而不作，故外户而不闭”的大同社会的景象。

聆听孔子这段对心中的乌托邦描绘的学生不是别人，正是苏州人取字子游的言偃。作为长江以南那么广袤的地区唯一的孔夫子的弟子，言偃生活在吴国热衷于春秋争霸穷兵黩武的年代，他的年纪与孔老夫子相差四十五岁，几乎就是夫子的关门弟子了，而当时的吴国毕竟与荆蛮之地还脱不了干系，从这种鬼地方来的少年学子得到孔子的喜欢也就顺理成章了。言偃学成之时恐怕也就是夫差灭国之时，所以归国效力之类的对于他来说也就是个梦了，后来他在鲁国当武城宰时，遵照师训以礼乐教化人民，孔子来到武城视察时，听到了处处有弦歌之声，于是微笑着对迎接他的言偃说：“割鸡焉用牛刀？”大意是言偃治理这样的小地方还用得着小题大做以礼乐来教育吗。言偃恭敬地回答说："以前老师曾教导我，做官的学习了（礼乐）就会有仁爱之心，老百姓学习了（礼乐）就容易听指挥听使唤，教育总是有用的啊。"孔子于是很满意地对边上的人说："刚才我那是玩笑话而已。"

言偃后来到东海之滨开设学馆传播儒学，地点就是现在的上海郊区奉贤，那个时候的苏州已经随着吴国的灭亡而被并入越国的版图，也许言偃并不愿意寄人篱下，然而那个偏远的小地方又有多少人去聆听他的教诲呢？孔子一直说言偃擅长文学，那些资料随着岁月的流逝也逐渐散佚殆尽，只有他的一些言行散见于史书经籍。

当年的"牛刀"言偃日后却逐渐成为儒家学派的重要代表人物，这样的变迁过程是有缘由的，一方面孔子言"吾门有偃，吾道其南"，言下之意门下有了言偃儒学才得以在南方传播，奉贤也因此得名；另一方面南方特别是江浙一带文脉渐兴并在明代达到鼎盛，统治者们有心而为之，经累世追封，"南方夫子"言偃最后也终于被称为言子了。

一个人被尊称为"子"，他所说的话那就解读千遍也不厌倦了，《竹书纪年》之类的小鸡被牛刀之类咔嚓一下也就不足为奇了，话语权是不能旁落的，古今皆然。

关于一个男人的投资报告：朱买臣

朱买臣（生卒年不详），西汉吴县（今属江苏苏州）人，字翁子。汉武帝时，为中大夫，累官至会稽太守、主爵都尉，位列九卿。

朱买臣家贫好学，靠卖柴生活。经同乡严助推荐，拜为中大夫。东越多次反叛，朱买臣向汉武帝献平定东越的计策，获得信任，出任会稽太守。约一年后，因平定东越叛乱的军功升官为主爵都尉，列于九卿。数年后，朱买臣因犯法被免官。不久复任丞相长史。后因事被汉武帝诛杀于长安。

股票其实是世间最好的一块试金石，投资者的性格、处事态度还有决断力都在他自己的操作过程中淋漓尽致地表现出来，譬如有的投资人喜欢短线进出，那叫炒作；有的人喜欢长线持有，那就真的叫作投资了。

如果把朱买臣周边的各色人等看作投资人，那投资朱买臣这个股票是否是个好主意呢？

毫无疑问朱买臣的第一个投资者不是别人正是他的妻子，这当然是个长期投资，可事实证明这恰恰是一个经典的失败案例。业绩差是这个股票最大的问题，朱买臣家里穷，没有不动产也没流动资产，没钱吃饭了他就上山砍柴卖钱，这点钱也就是杯水车薪救救急解决一顿饭而已。业绩差也就罢了，投资方向也成为投资人怀疑的问题，朱买臣非常喜欢读书，只是在西汉这却是个渺茫的投资标的，科举制度始于隋朝，家贫如洗又没有人脉的朱买臣实在是没有清晰的出路。朱买臣妻子的抛售行为应该源自一次理性的冲动，这句话应该怎么理解？朱买臣有个癖好，就是担着两捆柴的时候一直在读书，你说你好好卖柴火吧，你读什么书呢？你说你读书吧，还声音很大，生怕别人不知道自己是读书人似的。你说你读书好好读吧，他还自己谱上曲子唱出来，这叫亦步亦趋跟在后面的妻子情何以堪？所以夫妻两个经常在街上就吵架，乡里乡亲的就在边上指指点点。要是持有看起来是毫无希望索性等待股票退市也就罢了，可还觉得心里不痛快，朱买臣的妻子终于发怒要离开了，朱买臣二话不说画了个大饼，大意就是算命的说我五十岁的时候有场大富贵，如今都四十多了，我一定会让苦了半辈子的你过上好日子云云。“你就一饿死沟中的命，还富贵什么的，做梦吧!”当然这是朱买臣妻子的气话，不过她终究还是离开朱买臣再嫁了，有一年清明她随夫家扫墓时碰到卖柴的朱买臣还实实在在地请他吃了一顿。

沦为即将退市的垃圾股，朱买臣也开始积极自救了。经朋友介绍成为一名差役的朱买臣被派往京城押车公干，交完差后就把准备好的文章上奏给皇上，可惜久无音讯。当时的差役估计都是自己带干粮的，等待中的朱买臣最后只能向同僚讨些米面，几乎要成为丐帮弟子了。就在这个时候，朱买臣的另一个重要的投资人出现了，他就是同是苏州人的严助，严助投资朱买臣的动机不得而知，但培植亲信肯定是其中之一。此时已是汉武帝近臣的严助向汉武帝推荐了朱买臣，于是朱买臣在皇帝面前谈说《春秋》讲解《楚辞》，也许卖柴时练就的吟唱功夫让朱买臣的讲解富于韵律，反正是龙颜大悦，朱买臣直接被任命为中大夫，成为常在宫中行走的热门人物。这几乎就是屌丝逆袭的最成功案例，朱买臣这只垃圾股一经严助重组包装就成了白马，那严助收获了什么呢？那就是念念不忘的生死之交。严助本人与淮南王私交甚好，严助和朱买臣受其邀请收集整理《楚辞》，而这个时代正是《楚辞》开始走向经典的开始，其后淮南王刘安谋反案发严助受到牵连，汉武帝本人十分喜欢严助要放过他，没想到御史大夫张汤跳出来非要处置严助，汉武帝最后听从张汤的说辞杀掉了严助，于是干掉张汤成了朱买臣最重要的任务。皇天不负有心人，张汤与商人勾结不法牟利的把柄终于被朱买臣等人捉住，最后只能自杀了事。

当然，从证券投资的角度上来说，严助并不是严格意义上的投资者，他做的是投行的工作——把朱买臣包装后成功地推销给了最大的投资者汉武帝。汉武帝除了欣赏朱买臣文学上的成就外，还让朱买臣做了不少事，譬如他想修筑朔方郡城，公孙弘就上疏进谏，认为修城会造成国家经济衰退，财政吃紧，皇帝就让朱买臣去和公孙弘辩论并最终使其折服同意；东越王余善反复无常，屡次不听朝廷命令，武帝召集文武大臣献计，朱买臣认为余善盘踞泉山之上的地势十分险要，所谓一人守险则千人难攻，但现在他迁徙南行换了地方，而此地在距离泉山五百里的大泽中，现在只要派兵过海直取泉山席卷南行，就可以消灭东越国了。汉武帝听后非常高兴地采纳了朱买臣的作战计划，并封他为会稽郡太守。公元前110年，余善自称东越武帝正式造反并攻占了福建的部分地区，早有准备的朱买臣不负众望迅速平定了这次叛乱。

被任命为主爵都尉的朱买臣终于位列九卿。

早在朱买臣被任命为会稽太守时，汉武帝就对他说："富贵不归故乡，如衣绣夜行，今子何如？"光宗耀祖返回苏州的朱买臣虽然没有锦衣夜行，但在上任之时还是玩了一出活报剧：他身着布衣怀揣太守印步行到了官邸，太守府的各级官员睬都不睬他，只有守门人热情地招待了他。因为朱买臣在不得志的时候一直寄居在这个守门人家里，酒足饭饱之后守门人看到朱买臣的太守印就怪他隐瞒，然后向上级报告，没想到正在集体饮酒作乐的诸位官员都醉得不辨东西，都说守门之人胡说八道，然后派了一个历来看不起朱买臣的家伙去探寻一番，最后的结果当然是惊呆了诸位小伙伴们。

最吃惊的也就只能是朱买臣的第一位投资者——他的前妻。这位传说姓崔的妇人在朱买臣这个故事中的两个结局都不好。

第一个结局是朱买臣某一天看见崔氏和她丈夫在修路，就停车载上他们到太守府并安置在园中住宿，过了一个月，崔氏上吊而死。朱买臣给她丈夫银两，让他好生安葬。

第二个结局是得知朱太守上任后，崔氏蓬头垢面，赤着双足跑到朱买臣面前，苦苦哀求他允许自己回到朱家，骑在高头大马上的朱买臣让人端来一盆清水泼在马前，告诉崔氏若她能将泼在地上的水收回盆中，他就答应让她回来。崔氏闻言知道缘分已尽，羞愧难当地自尽而死。

人生是条单行线，只有开往终点的那一个方向；投资也是没有后悔药吃的，在人生和投资上都请三思而后行，因为到了终点你只会看到四个大字：覆水难收。

这个丞相有点儿冷：顾雍

顾雍（168年—243年），字元叹，吴郡吴县（今江苏苏州）人。三国时吴国重臣、政治家。

顾雍少时受学于蔡邕，弱冠即任合肥长，后转任娄、曲阿、上虞县长，所在之处皆有治绩。孙权领会稽太守，不到郡，以顾雍为丞，行太守事，讨平寇贼，安定郡县。数年后，入孙权幕府为左司马。后迁大理、奉常，又领尚书令，封阳遂乡侯。黄武四年（225年），迁太常，同年代孙邵为丞相、平尚书事，进封醴陵侯。为相十九年，多有匡弼辅正之词。赤乌六年（243年）去世，谥肃侯。

顾雍的原名叫什么没有人知道，与别人犯忌讳改名不同，“雍”这个名字是老师恩赐的，当然他的老师绝不是无名之辈——历史名媛蔡文姬的老爸蔡邕。那段时间蔡邕隐居在苏州，顾同学跟他学习琴艺和书法。还要特别说明一下，大家都知道上有天堂、下有苏杭，却不知历史上吴地还是一类人的天堂，就是那些隐士，当然避祸的居多，前辈如孙武，与蔡邕同时代的还有以举案齐眉著称于世的梁鸿、孟光夫妇。想来这可能和苏州的地理位置有关，北面与中原这样的政治中心距离不远，那是大隐之朝；如果实在想自我消失，往南面一跑就是南越蛮荒之地，那是小隐之野。苏州正是可进可退的中隐之市，实在是居家旅游之首选啊。

顾同学本来就不是普通人家的子弟，祖上做过太守一类的官，应该也算是家世渊源的官N代吧，老师蔡邕平时就觉得顾同学心境专一理解能力强，那一天他大概特别高兴，说：小顾你今后必定能成大器，今天我就把我的名字送给你。蔡邕的这个说辞不能当真当然也不能不当真，顾同学真就改名雍了，“雍”和“邕”音同字不同，这就是顾雍姓名的来历。中隐大才蔡邕在苏州待了十二年后被董卓征召去中原当了大官，传闻一天之内被董卓升了三级。弟子顾雍也不含糊，年纪轻轻就被举荐辗转于皖、浙一带做县级长官，政绩卓然。此时孙氏家族已逐渐掌控了江南，顾雍自然也成为孙氏倚重的中坚力量。公元200年，孙策遇刺身亡，年仅十九岁的孙权成为继承者，理所当然地被任命为新一任会稽太守。会稽郡是当时天下第一大郡，辖区范围包括如今的苏南、浙北和上海，官衙就在苏州，而地方割据势力的头子孙权其实只是个挂名太守，他当然不会真来苏州，会稽郡所有的事务都由此时担任郡丞的顾雍一手把持。随着时间的推移，孙氏集团一路成长直至建立吴国，而顾雍的官位也一路沿着大理奉常、尚书、太常卿直至丞相。

顾雍性格不尖锐，话不多，是个闷葫芦，但只要说出话来就很有分量，整天板个面孔是他的标志性表情，给人的印象就是很严肃。有一次孙权嫁内侄女，顾雍一家大小都去参加婚宴，他的孙子顾谭多喝了几杯发酒疯就在边上一直跳舞，顾雍非常生气但并不言语，到了第二天顾谭酒醒后，顾雍就把他召来好一顿臭骂，大意就是你做了官并不是因为你有什么功劳，还不是靠顾家门第和帝王的恩宠，你看看你昨天那个得意忘形的样子，我们顾家如果败亡，那一定就是因为你了。然后顾谭就被罚站了两个小时。顾谭也不是什么白丁，当时也有官帽在身，他当的什么官呢？选曹尚书，这是汉制，大概相当于后来的吏部尚书。这么年轻就被孙权如此重用除了因为是顾家子弟外其实另有原因，顾谭的亲妈就是孙策的女儿，也就是孙权的亲侄女。虽说训斥罚站的是自己孙子，但好歹也是个尚书，所以其他人那就更怕顾雍了。顾雍自己滴酒不沾，所以只要顾雍参加宴会往那一坐，酒席宴上立马安静，没人大声喧哗，也没人说笑，估计荤段子什么的更别提了，弄得孙权也没劲，一直抱怨“顾公在座，使人不乐”。

对待同僚不像春天般温暖，对待敌人倒也没有冬天般寒冷。孙权后来宠幸的奸臣吕壹迫害了不少人，顾雍也一度受到牵连，吕壹后来被关押问罪时顾雍是主审，问话时顾雍始终都是心平气和的，倒是尚书郎怀叙忍不住上去痛骂吕壹，顾雍上去拉住他说：“自有国法制裁，你何必这样呢？”最后顾雍还问：“吕壹你还有什么地方要为自己辩护的吗？”说实在的，一般人还真做不到这一点啊。

数十年的官场生涯以及后来的位极人臣反而催生出顾雍低调的风格，低调到什么程度呢？孙权分封顾雍为侯，顾雍从不对家人提及，后来他们还是从别人那里听说此事，都十分吃惊，估计当时大家的表情也都很丰富。这一特点体现在君臣关系时就更有趣了，孙权颁布政令前都要征求顾雍的意见，同意的点个赞还好，不同意的给个差评吧，内敛不张扬的顾雍实在做不出这样的举动，于是被孙权派去送文书的中书郎就成了风向标。如果顾雍同意孙权的决定，他就留中书郎吃饭，这很好解释，吃完饭继续商谈落实政令的细节；如果顾雍有不同意见，立马神情严肃沉默不语，到点了说句“送客”——对不起，中书郎同志只好自理中餐了。孙权一旦知道中书郎没吃到顾雍家的饭，就知道老顾同志这次有意见了，赶紧另起炉灶吧。

其实这位冷面的丞相还有不为人知的柔软的一面。顾雍的长子顾劭也就是前述顾谭的父亲身体一直不好，当时在豫章做太守，在古代分离的亲人之间只能靠书信往来，有一天顾雍正在与部下下棋，这时有人禀告说豫章有信使到了，按说应该立即有人奉上家书，但下人迟迟没有拿来儿子的书信，顾雍马上知道出大问题了，但他却面不改色继续下棋，其实他已经推断出来出了什么事了，心里非常难过却隐忍不发，当时他的指甲都掐进手掌里，流出的血染红了坐垫，一直等到宾客们都离开了才长叹一声。

和那个著名的杀手一样，这样的铁骨柔情正是最男人的情感表达方式，没有之一。

廉政先锋：陆绩

陆绩（187年—219年），字公纪，吴郡吴县（今江苏苏州）人，汉末庐江太守陆康之子。陆绩成年后，博学多识，通晓天文、历算，星历算数无不涉览。孙权征其为奏曹掾，常以直道见惮。后出为郁林太守，加偏将军。在军中不废著作，曾作《浑天图》，注《易经》，撰写《太玄经注》。

对普通人来说盖棺定论其实是个技术活儿，因为大部分人的一生总是相似的乏善可陈，但名人就不同了，芝麻大点的事儿都能让人嚼得津津有味，更遑论特别抽取的精华桥段了。话是这么说，可真要在历史上留下点儿名气还是很困难的，如果留下的还都是好名声那真的更是难上加难了。陆绩在年近而立之年时就已经是这样的一个人了，随着时间的推移，陆绩身上所表现出来的一些优秀品德不但诠释了一个男人对待事业和家人时独特的操守与胸襟，而且更具现实意义的是，这与我们这个时代正在倡导的主流价值观恰是一脉相承的。

这类赞赏的话听着费劲，那就打个比方，如果生活在现代，陆绩基本上就是“十大杰出青年”“感动吴国人物”“廉政先锋”的不二人选。正直无私、为政清廉的陆绩颇为孙权赏识，于是远赴广西郁林（今广西玉林）担任太守，卸任离开时走的是海路，一家人除了简单的行囊和几箱书籍外并无别的东西可带，船老大对陆绩说:“舟轻不胜风浪，难以入海航行。”陆绩就买了一担笋干、两大瓮咸菜压舱。不过船老大认为这还是太轻，于是陆绩就把岸边一块大石头搬到船上用来压舱，终于平安返归故里。这种有关一个名人品德和官德的故事经过发酵逐渐成为一段佳话，那块石头后来则被人们称为“廉石”，并被辗转安置于后来的苏州文庙内。

陆绩所取得的成绩当然是家长教育、领导栽培、个人努力的结果，但俗话说“三岁看大七岁看老”，他小时候就属于不同凡响的那一类。陆绩生活在东汉末年，父亲陆康是当时的庐江太守，因此与袁术素有来往，六岁大的时候有一次陆绩跟随大人面见袁术，袁术就命人拿出橘子来招待陆绩，陆绩却暗中藏起两个，离去的时候陆绩跟随大人拜辞袁术，那两个橘子却从怀里滚到了地上，袁术就对他说：“陆家小子，你今天来作客为什么要把橘子藏起来啊？”陆绩跪下回答道：“母亲一直喜欢吃橘子，我想拿回家给母亲吃。”袁术对此感到十分稀奇。这事成了《二十四孝》中的一个经典片段，当然，对此并不感到稀奇的也大有人在，鲁迅先生就说过：“‘陆绩怀橘’也并不难，只要有阔人请我吃饭。‘鲁迅先生作宾客而怀橘乎？’我便跪答云：‘吾母性之所爱，欲归以遗母。’阔人大佩服，于是孝子就做稳了，也非常省事。”我倒觉得这事还是有些稀奇的，小时候到别人家里玩临走时大家也许都藏过糖果什么的，这并不少见，但像袁术这样直接问的大人想想还真的稀奇，袁术大人本应亲自拿两个橘子塞到陆绩的怀里并亲切地说“喜欢吃再多带两个回去”，说这类话更符合长辈的形象，所以大概《二十四孝》是为了突出陆绩的孝心才有心安排了那样一段对话。

非常可惜的是陆绩三十二岁时就英年早逝，令人扼腕叹息，而陆绩在郁林太守任上生的女儿陆郁生年轻守寡后并不改嫁反而独自支撑起夫家，因此也被当时的吴人称为“义姑”，这当然也算是满门贤名了。

如今苏州市纪委的官方网站取名“廉石网”应该也算是陆绩的政治遗产了，这一点毋庸置疑。

舌尖上的人生苦旅：陆机、陆云

陆机（261年—303年），字士衡，吴郡吴县（今上海松江）人，西晋文学家、书法家、官员，东吴丞相陆逊之孙、大司马陆抗第四子，与其弟陆云合称“二陆”。孙吴灭亡后出仕晋朝司马氏政权，曾历任平原内史、祭酒、著作郎等职，世称“陆平原”。后死于“八王之乱”，被夷三族。他“少有奇才，文章冠世”（《晋书·陆机传》），与弟陆云俱为西晋时期著名文学家，被誉为“太康之英”。陆机还是一位杰出的书法家，他的《平复帖》是中古时代存世最早的名人书法真迹。

陆云（262年—303年），字士龙，吴郡吴县（今江苏苏州）人，西晋文学家，东吴丞相陆逊之孙，东吴大司马陆抗第五子，与其兄陆机合称“二陆”。曾任清河内史，故世称“陆清河”。先后曾任尚书郎、侍御史、太子中舍人、中书侍郎、清河内史等职。陆机死于“八王之乱”而被夷三族后，陆云也受牵连而入狱。尽管许多人上疏司马颖请求不要株连陆云，但他最终还是遇害了。遇害时陆云年四十二岁，无子，生有二女。由门生故吏迎葬于清河。

中国人始终认为天下一统是最好的模式，这源于平头百姓始终渴望着没有战乱平静安详的时光，从这个角度出发，说历史是人民群众创造的有其历史必然性。一个王朝在开始时往往也只是地理意义上的统一，其后的利益分配才是那些发动战争的帝王将相真正关心的，也因为此，将相史也没有什么错。司马氏建立的晋朝剿灭东吴后完成了对中国的又一次统一，这一过程对历史上那些无名无姓的普通人来说简单到没有结果，因为历史并不会记录他们具体的苦难经历。不同于被历史所漠视的普通人，贵族们的生活、话语甚至是内心感受被片段式地记录下来，加上点背景作为作料，时间足够久远后也就酿造成了可以回味的一段历史。

孙吴政权的倒台直接导致了吴郡世家大族的失势，所以，陆机和陆云弟兄俩北上洛阳寻求个人蓝海的经历其实可以看作南北方士族对利益分配的一种纠葛，而事实上中原贵族对南方贵族的压制已经非常严重了，司马炎甚至将这些贵族举家迁往安徽寿阳，之后陆云就是一直待在寿阳的，陆机则不知何故仍留在苏州闭门读书。

当时南北之间的隔阂有多深呢？初来洛阳的陆机去看望名声显赫的王济，王济一向瞧不起南方人，他指着酒席上放着的数升羊奶酪对陆机说："你们江东有什么东西能比得上我们这个羊酪美味？"陆机说："有千里莼羹，但未下盐豉耳。"一般的解释就是我们有千里湖出产的不放盐的莼菜可以比美，言下之意莼菜如果放了盐就更美味了。其实陆机此话也许被后人误解了，"千里莼羹"就是指莼菜，而盐豉其实是加了盐的豆豉，豆豉就是蒸熟的黄豆、黑豆发酵后的调味品，盐和豆豉可以分开放置也可合放，所谓合放其实就是一个长方形罐形容器，上面有两个圆形罐口，可以分别从中取出盐和豆豉。这说明什么？这说明当时盐豉已经是流行的调味品，消费量很大，甚至有专门的容器用于盛放盐豉，而酿造销售这个调味品的人家都成了巨富。陆机所说的“未下盐豉”其实是“末下”的笔误，“末下”也是个苏州古地名，所以陆机和王济两个人见面的真实场景大概是：王济问陆机他们那有啥美味吗，陆机回答了两样当时难得的流行美味，他是要借此堵住王济的嘴巴。

而陆氏兄弟去拜见刘道真时，正在居丧期间的刘道真喝得七荤八素还说出“听说你们东吴出产长柄葫芦，你们种得了吗？”这样无礼的话。一个叫卢志的人公开问陆机：“陆逊、陆抗，是君何物？”被辱及先祖，兄弟两个异常愤怒，反唇相讥，从此与卢志结下梁子。不管北方贵族如何看不起江南的士族子弟，江南毕竟是人文荟萃之地，陆氏兄弟靠他们的文学修养和才能逐渐折服了洛阳人，从当时流行的“二陆入洛，三张减价”这句话可见一斑。陆机兄弟为建功立业来到洛阳，但晋室并不稳定，司马家里有实力的人纷纷跳出来争权夺利，局势异常混乱，陆机本人差点被司马伦杀掉，这时与陆机兄弟经历类似的苏州人顾荣劝陆机返回江东，陆机不愿意，之后顾荣凭借着装疯卖傻自污其名的应对总算逃过一劫。而陆机激流勇进，毅然担任了从司马伦手中救了他的司马颖的大将军参军，陆云则被任命为清河内史。说起陆云的这段经历，还有个很有意思的断案故事，说的是有个人被杀，主犯并不认罪，于是陆云扣押了死者的妻子，十多天后放了出去，中间也没有审问她。陆云暗地里让人跟着，并对跟踪的人说：“她离开不出十里，如有男子等着跟她说话，便把他们绑了来见。”事情的发展正如陆云所料，跟踪的人将二人带回审问，男的马上就招了，说他与女人私通谋杀了她丈夫，听说这女的进去了又放出来，不知道在公堂上说了些什么，想要问问她，又怕让人发现，所以远远地等着她。

最终导致西晋灭亡的“八王之乱”历时十六年，在动乱如火如荼地展开的时候，同是苏州人的张翰就坚定地认为君子不立危墙之下，他向司马冏打报告说要回太湖老家吃莼菜和鲈鱼，还说自己志向不高，司马冏认为这个吃货对自己毫无用处就放他回去了。而陆机则义无反顾地加入其中，司马颖任命陆机为后将军、河北大都督，让其指挥二十万人攻打洛阳，但陆机并不像爷爷陆逊、父亲陆抗那样精于战事，所率部队一触即溃几乎全军覆灭，尽管司马颖犹豫不决，但在卢志铁了心的坚持下，不仅陆机本人，连受到牵连的陆云和陆机的两个儿子也都被司马颖所杀。陆机临刑前还在感慨听不到家乡华亭（今上海松江）的鹤鸣之声，令人唏嘘不已。

打仗毕竟不是请客吃饭，也不是挥毫书写华丽的文字，当然更不是美食辩论赛要讲究机锋，舌尖上的历史最终不过是后人舌尖上的一段品味，也只能这样了。

直上青云的官路：陆玩

陆玩（278年—342年），亦作陆琉（米芾作陆统），字士瑶，吴郡吴县（今江苏苏州市）人。东晋官员，卫将军陆晔之弟。官至侍中、司空，封兴平伯。咸康八年（公元342年）卒，谥康侯，追赠太尉，故又称陆太尉。

内乱不断的西晋终于玩完了，公元317年，琅琊王司马睿定都建康（也就是今天的南京）后，历史也就自然进入东晋，然而这一事件却极大地改变了苏州的生态和人文面貌。晋室东移使得北方常年经受战乱的人员大量南迁，本来地少人多的苏州进入大规模毁林开荒和围湖造田时期，只是这一速度还不够快，因为南迁的不是普通的老百姓而是一群北方权贵，他们拖家带口往往一来就是好几百户，为了土地和人口与本地豪强之间也就不免发生冲突，最后损害的却是国家利益——官田抛荒没人种了。强龙和地头蛇之间的争斗使得在江东立足未稳的最高统治集团深为担忧，不得不迅速在吴郡士族中选拔一部分人才充斥官员队伍甚至担任要职，陆玩就是吴郡士族中这样的一个历史人物。

陆玩当然算是世家豪门子弟。只是此时的吴郡早不是当年的荆蛮之地，这时候，本地士族对北方来的士族权贵生出一种莫名的优越，全然忘却了当年自己也是外来户。这种对北方人的轻视表现在对他们的称呼上，称他们为“伧”，也就是粗俗、鄙贱的意思。陆玩曾到丞相王导那里吃奶酪，因为不习惯这类生冷食品而得病，病愈后陆玩与王导通信时说：“仆虽吴人，几为伧鬼。”意思是我虽是南方的人，但差点成了北方的鬼。这个王导也是个有心人，当年陆机陆云兄弟赴洛阳为官的时候他就十分刻意地去笼络，如今到了南京更是学起了吴侬软语，只是学了半天成了半吊子，他说的吴语洛阳人不懂，吴人也不懂，但他还是乐此不疲地逢人便说。王导入乡随俗到最后竟然向陆玩求亲，想与陆成为儿女亲家，可惜陆玩居然拒绝了，说的话当然十分婉转，什么小丘长不出松柏一般的大树，香草和臭草不能放在一个器物内，我虽然不才，但因义而不能为这些乱伦常的事开先例，有意思的是，王导还不生气。

正是在北方权贵急迫的需求下，南方原有的士族弟子半推半就地进入了东晋的权力中心，陆玩也就这样青云直上。陆玩在后来成为晋元帝的司马睿移镇江东任丞相时，就被任命为丞相参军，后经屡次升迁至奋武将军，拜侍中，但是这时的陆玩以疾病为由辞职回家了。后来，王敦任命陆玩为其长史，陆玩不愿意，王敦以军令威逼，陆玩迫不得已只能答应了。公元324年，王敦作乱造反被平定，朝廷中一部分人认为要将包括陆玩在内的王敦属官们免官禁锢，以责罚他们既不能阻止王敦叛逆还继续在其手下做事，温峤上表为陆玩等人申辩，最终晋明帝采纳温峤的意见，陆玩免于禁锢。然后陆玩再拜侍中，迁吏部尚书，后再转尚书左仆射，领本州大中正。公元328年，在剿灭王敦时立下战功的苏峻造反，率部攻入建康，掌握朝政，陆玩则与其兄陆晔等留守宫城。第二年，陆玩与陆晔成功游说苏峻手下将领匡术向讨伐军投降，苏峻之乱被平定后陆玩亦以此功勋获封兴平伯。到了公元331年晋成帝司马衍在位时，陆玩升任尚书令，加授左光禄大夫、开府仪同三司，并加散骑常侍。公元339年，丞相王导、太尉郗鉴相继去世，次年，司空庾亮也去世，半年之间东晋朝中三名重要大臣都离去了，于是朝廷以陆玩有德望，升陆玩为侍中、司空。

有人以祝贺为名到陆玩家讨了杯酒然后倒在梁柱之间，接下来说了一句："当今缺乏人才，以你作为国家柱石，你别让人家的梁柱倾倒下来呀！"陆玩笑着回答："我会记住你的告诫。"陆玩也许已经意识到在自己的官路历程中并没有什么大的建树，他以一句"以我为三公，是天下无人"作为对自己的总结。

到了三公的高位还说出这么一句自谦的话来，陆玩到底还是显现出了世家子弟深厚的涵养功夫。

好运自然来的政坛不倒翁：顾荣

顾荣（？—312年），字彦先，吴郡吴县（今江苏苏州）人。东吴丞相顾雍之孙，西晋末年拥护司马氏政权南渡的江南士族首脑。弱冠即仕于吴，吴亡，与陆机、陆云同入洛，号为三俊。拜郎中，转廷尉正，先后辟为王侯僚属。惠帝征为散骑常侍，后为晋元帝司马睿安东军司，加散骑常侍，凡帝所谋划，皆与荣议。

人在朝不保夕的动乱年代生存下来一定要靠智慧和运气，二者缺一不可，智慧是用于判断时事走向的，运气是用来渡过不可预料的难关的。顾荣这辈子历经吴、西晋和东晋三朝而毫发无损，智慧和运气都十分具备，特别是他的好运气还是以一种匪夷所思的方式到来的。

顾荣生活的时代特别讲究出身。晋朝时的公务员制度叫九品中正制，就是由德高望重的人（中正）推荐人才，而给人才定品级的标准有三个：簿世（谱牒家世）、行状（才干、道德）、乡品（中正鉴定）。才干和道德这两个非量化指标如何去评判呢？还不是到最后乡品说你行你就行不行也行？所以明白人一眼就看穿了这个制度——到最后就是看第一项：家世。家世好的自然是上上之选，也就是所谓的龙生龙、凤生凤，老鼠的儿子会打洞。这样一来，顾荣的品级毫无疑问是高的，没办法，这个少年才俊的爷爷是吴国丞相顾雍，父亲是太守，家世好，他自己二十岁左右就出仕为官，有才干。当然西晋灭吴统一中国的时候南方贵族还是吃了大亏的，自东汉末年军阀混战孙策偏东一隅以来，中国八十多年的分裂让南北士人之间产生了严重的对立，到司马朝时更甚以往，北人鄙称南人为“亡国之余”，晋武帝司马炎在公元280年下诏将东吴上层社会整体搬迁到安徽寿县以切断他们与故土的联系，南方的青年才俊此时也往往隐而不仕，这种情况如果延续下去对南北方的稳定都会产生不良影响，因此顾荣审时度势，与陆云、陆机两兄弟高调北上同入洛阳寻求变通，当时人称他们为“三俊”。北方的统治者当然不是傻子，重用“三俊”不仅打破了南北士人交流的壁垒，而且也引得其他吴地士人纷纷效法，有利于统治阶级的政治稳定，然而顾荣没料到就在他们想着一展宏图实现毕生抱负的时候，却身不由己卷入了“八王之乱”的政治漩涡。

“八王之乱”其实就是一场统治阶级的内讧。城头变幻大王旗，中间的官僚们也就忙着改换门庭，司马伦篡位后马上任命顾荣为长史，结果屁股还没坐热晋惠帝司马衷就复辟了，没什么话说，顾荣要被杀头了，关键时刻他的运气来了：监斩官是老相识。原来顾荣刚到洛阳时应酬繁忙，你来我往的吃请特别多，有一次赴宴的时候发觉上菜的人对烤肉垂涎欲滴，于是顾荣拿起自己的那份烤肉给他吃了，同席的人都耻笑顾荣有失身份，顾荣不以为然地说："怎么会有整天做烤肉而不知道烤肉味道的人呢？"而那个曾经的下人就是如今的监斩官。没什么话说了，运气好到这个程度几乎就是逆天了。

晋惠帝司马衷接下来被司马冏架空了，司马冏又征顾荣为大司马主簿，不过这回顾荣学聪明了，天天喝酒喝到酩酊大醉，不久司马冏的长史葛旟认为顾荣老这个样子会耽误事儿，就报告给司马冏听，司马冏就把顾荣降为了中书侍郎。警报一解除，得偿所愿的顾荣又不喝酒了，葛旟非常奇怪，就问顾荣说怎么你当中书侍郎了就不喝酒了呢？这话问得顾荣满身直起鸡皮疙瘩，没办法，又天天"泡酒吧"去了，后来顾荣干脆就辞官回了老家。没过多久，这个司马冏又不行了，司马乂击败司马冏夺了权，顾荣因为对前任非暴力不合作的态度又被任命为长史，然后左一个司马右一个司马走马灯似的玩变脸，顾荣在司马颖、司马颙、司马越操控惠帝把持朝政时做过从事中郎、侍中、散骑常侍、军谘祭酒，而当年"三俊"中的陆机、陆云兄弟早已经死于司马颖的屠刀之下。

公元305年，陈敏叛变想割据江东，顾荣只能依附于他，后来顾荣策反陈敏的部将平定了叛乱，行军到徐州后发现北方愈加混乱就不愿向北。公元306年迎晋惠帝还都洛阳又于同年毒死惠帝的司马越不满意了，要其他人采取措施，顾荣等人就只能脚底抹油逃回了老家，这一年是公元307年。同年安东将军、琅琊王司马睿跑到建康（今江苏南京）建立根据地，吴人不想依附，刚跑回来的顾荣则表达了明确的支持，于是被任命为安东军司，加散骑常侍。已是江南领袖人物的顾荣这一表态至关重要，司马睿也投桃报李，对顾荣推荐的士人都加以重用。到公元317年司马睿称帝建立东晋时，顾荣已经去世五年，不过他还是被追封为公爵。

一般而言，对一个政治人物来说当三朝元老已属不易，然而三朝毕竟还是一个姓氏下的三个皇帝，像顾荣这样连朝代都换了三个还能屹立不倒的，历史上实在是没有几个人，尽管这样的政治人物靠着自己的智慧度过了一道道坎，但其中的凶险可不是嘴上说说这么简单的。

善始善终的政坛不倒翁，除了智慧，也就只能用好运气来解释了。

极品驸马：孙玚

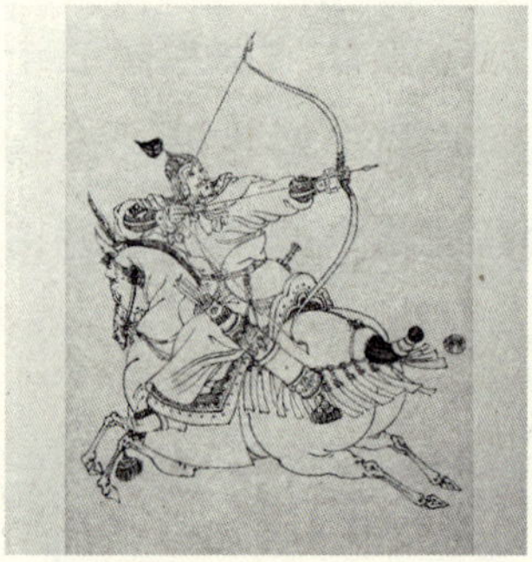

孙玚（约510年—约585年），字德琏，吴郡吴县（今江苏苏州）人。祖文惠，齐越骑校尉、清远太守。父循道，梁中散大夫，以雅素知名。玚少倜傥，好谋略，博涉经史，尤便书翰。起家梁轻车临川嗣王行参军，累迁为安西邵陵王水曹中兵参军事。王出镇郢州，玚尽室随府，甚被赏遇。太清之难，授假节、宣猛将军、军主。王僧辩之讨侯景也，王琳为前军，琳与玚同门，乃表荐玚为戎昭将军、宜都太守，仍从僧辩救徐文盛于武昌。会郢州陷，乃留军镇巴陵，修战守之备。俄而侯景兵至，日夜攻围，玚督所部兵悉力拒战，贼众奔退。

“轰隆”一个雷劈过来……

等你醒过来的时候，时间是不知猴年马月，地点是不知身处何处，人物是你自己都不知道你是谁，边上那个一眼看去满脸惊喜或者满脸鄙夷的年轻女孩开口说了一句：“少爷，你醒了。”然后你又昏了过去。

恭喜你，你成了一个非常幸运的穿越者，接下来你会过上大富大贵、妻妾如云的美好生活。

什么，你的老婆是公主，不许你有其他女人？哦，这倒真是个问题，驸马的日子不好过这还真不是传说，不过不要紧，反正你是穿越过来的，什么王霸之气、虎躯一震这些基本技能都学过了，公主根本不能算问题，最后她会主动帮你讨两房小妾的。另外，她还有个漂亮妹妹……

穿越小说流行的基本情节就是这个样子的，当然，这种小说的作者们大都故意忽略了公主这类女人主要的身份：皇帝的女儿。不提这些天之骄女娇生惯养，性格自私，在这类婚姻中家庭成员连最起码的天伦之乐也享受不到，不要说亲戚，就是公婆见了儿媳那都是要行大礼的，没人会说这个不对，因为它符合当时的人伦常理，所以真实的结论就是公主哪里会是男人的良配啊。唐中宗李显的女儿宜城公主知道驸马裴巽在外面喜欢上了一个女人，就把那个女人抓来剥掉身上一块皮，又剥掉裴巽额头一块皮，然后把剥下来的两块皮互换位置贴上，让裴巽到前厅办理公务示众，那个女人后来自缢身亡，这件事导致凡是认识裴巽的女人见着他都绕道走。清朝的驸马那也过得悲催，见老婆要打申请报告，公主去世后府第必须归还，驸马如续弦再娶，工资与爵位将会被革除，当年结婚时皇家所赐的嫁妆、珠宝等也要一并归还，所以不愿意当驸马的也大有人在。东汉时苏州陆家子弟陆闳因德才兼备被举荐入京，光武帝刘秀一看他人还长得帅，赞了一句“南方固多佳人”，想招为驸马，不过这个陆闳是个明白人，立马说自己有病拒绝了。

其实，一句话就能说明白，在中国历史上从没有娶某某公主的说法，只有“尚”某某公主一说。

所以孙玚绝对是驸马中的异类，这个尚妙严公主的苏州男人不但做着拥有实权的高官，自己的日子还过得有声有色，他总共有二十一个儿子（女儿不算）就极能说明问题了。他家的大宅就在如今的因果巷闾邱坊附近，人称孙驸马园，后称孙家园，妙严公主住在这座大宅的东面，西面当然就是孙玚的住所，“庭院穿筑，极林泉之致，歌钟舞女，当世罕俦，宾客填门，轩盖不绝”，这是土豪想都不敢想的日子啊。孙玚本人十分孝顺，性格非常豪爽，对自己的兄弟极为照顾，还经常成批地送财物给亲友，当然，对自己他也不含糊，镇守郢州时他曾经把十余条船合为大舫，船中设置亭子与荷池，等于造了一座水上小园林，宾客们就在船中饮酒酬唱，成为一时的佳话。

孙玚和妙严公主分别居住在大宅的两侧，这也是事实上的分居了，有人据此推断说这对夫妻性格不合，但从孙玚后来越加宽广的人生轨迹来看，妙严并不是个强势的女人，更进一步查考下去，他们之间脱离了往常意义上夫妻的关系而呈现出一种奇特的组合。“查考”是一个文雅的用词，实际上“八卦”更符合真相被了解后我们的心理：解决这个谜团的钥匙正是妙严公主本身。公主起名“妙严”这样有些佛家出尘意味的名字其实并不奇怪，明代苏州状元王鏊在《复禅兴寺记略》中说：“梁武帝女，公主妙严，下嫁郡人孙玚，并修梵行，异室而居。”她父亲梁武帝萧衍在中国帝王史中留有一块重要的资产：强化佛教在中国的地位和影响。所谓“南朝四百八十寺、多少楼台烟雨中”正是这一段历史的真实写照，萧衍自己曾经数次出家，然后让朝廷花钱再把自己“赎”回来。事实上妙严公主最后也走上了出家的道路，只是孙玚不用赎她：妙严公主所居的东院，后来称为妙严寺，而上述禅兴寺正是孙玚所居的西宅。我们似乎明白了孙玚和妙严这一对尘世高门男女不同的人生追求，然而这并不是这趟“八卦”之旅的看点，有历史狗仔队爆出了终极猛料：妙严并不是梁武帝萧衍的女儿。查遍历史书籍，梁武帝萧衍九个女儿中并没有一个正式封号为妙严的女儿，而所谓野史也就是八卦也许反而更接近历史的真相：其实妙严并不是萧衍的女儿而是他的孙女，她是萧衍的太子后来被称作简文帝的萧纲的女儿，而且她另外有个正式的封号——溧阳公主。人长得漂亮有时并不是好事，这话放在溧阳公主身上那是再正确不过了，梁武帝萧衍在他晚年时遭遇了一次灭顶之灾——侯景之乱，在这场变故中他被囚禁饿死。攻入南京的侯景看见漂亮的溧阳公主就强行占有了她，那时她只有十四岁，而侯景已是年近五旬的老男人了。溧阳公主的父亲随后也被侯景毒死，这样的国仇家恨让她做出了一个惊人的举动：侯景败亡后溧阳公主让下人去割了侯景一块肉，她要厨子烧给自己吃。

最终她也没下得了口，虽然有人真这么做了，只是这一段无法自主的屈辱经历必定是她心理上的阴影，历史上不知所终的溧阳公主化名妙严公主也就是可以理解的事情了，孙玚和她的婚姻关系的复杂之处也就在此了。分居是事实，夫妻不和却也未必，用现在的话说也许就是场名义婚姻，要说孙玚在这场婚姻中能捞取到什么也没啥佐证，因为此时的梁朝已是千疮百孔，侯景之乱六年后也就灭亡了，而孙玚在陈朝更是如鱼得水，履任高官不说，陈后主即位后还有事没事地老往他家跑。当然谁也没亏待过妙严公主，像陈武帝一上台就赐给她十个宫女，理由么也很简单——她是令人尊敬的前朝公主。

孙玚的生活不像一般的驸马那样局促，原因当然是他的老婆并不是一般的公主，在历史长河中她也算是少数能露脸的公主了，不管是叫溧阳还是叫妙严，毕竟南朝的政权更替还算是温和的，比起后来亡国被掳去北地的宋朝帝姬们（公主）她还是幸运多了，而按照现时流行的网络文体，孙玚这一辈子就是《极品驸马》最好的素材。

段子王：张融

张融（444年—497年）南朝齐文学家、书法家。字思光，一名少子。吴郡（今江苏苏州）人。出身世族，宋会稽太守张畅子。弱冠知名。初仕宋为封溪令，后举秀才，对策中第，为仪曹郎。以故免官，复摄祠部、仓部二曹。又被萧道成辟为太傅掾、迁中书郎。入齐，为长沙王萧晃镇军，竟陵王萧子良征北谘议，并领记室，司徒从事中郎。官至黄门郎，太子中庶子，司徒左长史，世称“张长史”。

齐太祖萧道成曾当面答应任命张融为司徒长史，时间过去很久了却不见太祖颁委任状。张融就骑着一匹瘦得可怜的马上下朝，太祖看见了便问张融：“你的这匹马怎么这么瘦啊？给它喂多少粮食啊？”张融回答说：“每天喂它一石粟。”太祖问：“那为什么还这么瘦？”张融说：“我答应喂它一石粟，可是我并没有实际给它呢。”第二天，太祖立即任命张融为司徒长史。

这是有关张融的众多段子之一。张融是活跃在南北朝时期南方的一个世家子弟，这样的人物被历史所记忆其实也反映出江南这块土地开始真正进入人文荟萃的时期，这种变化的大致背景就是三国孙吴以来江东士族已逐渐成为南方政权的中坚，尤其吴郡（大致就是苏州地区）不但经济发达，而且业已经营数百年的陆、顾、朱、张等士族之间盘根错节的社会关系使得更高的统治者在选拔人才时必须依靠和优先考虑吴中士族大姓。就说张融本人，他的父亲是晋朝的会稽太守张畅，他的堂兄张绪亦担任南齐国子祭酒并深得皇帝喜爱。欣赏几个有关张融的段子会让你发现有趣的人物往往会让历史变得可爱起来。

先说说张融的长相，这一点有个贴切的词可以形容：龙兄鼠弟。张融是弟弟，这个“兄”就是上面提到的张融的堂兄张绪。皇帝非常喜欢几株四川杨柳，经常对边上的人说这杨柳风流可爱，好像张绪当年的样子。有这样的美男子堂兄，张融那叫一个郁闷，因为两人实在是相差十万八千里，张融长得又矮又丑，但即便是这样，张融依旧特立独行：当时的人坐下来都是跪坐，张融非得要双腿前伸；别人走路规规矩矩，张融则走得左摇右晃的，衣袖摆动幅度还特别大，总要挥及旁人。他的堂兄回头率高，他则是围观率高，不过他面不改色，还认为这样的魏晋风度就是用来蔑视礼教的。

南朝宋孝武帝的宠妃殷贵妃死去，为了超度要为她新建一个新安寺，众大臣纷纷集资捐款，你一万我五千的，家里穷的张融只出了一百，皇帝很生气，后果很严重，本来已经要安排他到新安做参军，结果改成外放到封溪去做县令，这封溪是哪儿啊？现今越南北部。赴任途中张融被山里的蛮民捉住了，山民们准备像妖怪们对待唐僧那样把他蒸了，结果张融神色自若还时不时吟诗作赋，蛮民倒吃不透他，认为他和其他俘虏很不一样，说不定还有神明保护，于是恭恭敬敬把他放了。

张融与谢宝积一起进见太祖，他在皇上面前放了屁。宝积站起身来道歉说："我的这位兄弟泄气污染了皇上的圣殿。"太祖只是笑笑，没有说什么。过了一会儿，摆上酒宴，张融不愿和谢宝积一起吃饭。太祖问："为什么不跟你的这位贤弟同桌吃饭？"张融说："我不能跟谢气（放屁）的嘴同餐。"太祖听后大笑。

当然，最器重张融的是齐高帝萧道成。有一次萧道成召见他，张融很晚才到，萧道成就问他为什么迟到，张融回答说自己见皇帝好像是从地上升往天空，所以快不起来，这么用意明显的马屁居然拍得萧道成龙颜大悦，这对君臣实在是很有趣。擅长草书的张融常常以此得意扬扬，萧道成对他泼冷水说："你的书法很有骨力，可惜没有二王（王羲之、王献之）的笔法。"张融说："别可惜我的书法没有二王的笔法，您要可惜二王没有我的笔法。"张融还常常叹息："不恨我不见古人，所恨古人不见我。"萧道成也是个妙人，就说："你这样的人物不能没有，但千万不能有两个。"

张融请假东游，太子萧颐问他住在哪里，张融就说自己住在陆地上但不是房屋、住在船上但不在水中。太子想了半天没弄明白，就去问张绪，张绪告诉太子说这其实是个脑筋急转弯，张融家住在东山附近，他把一只小船拖到岸边，全家人住在里面。太子听了大笑。其实这大概还是张融故弄玄虚的手段，因为他家就住在如今的苏州东中市承天寺弄，也许东山的船是他用来“度假”的。

但口舌之争有时确是必须的，尤其在外交战线。北朝的特使李道固来访是张融接待的，酒席上李道固故意问：“你是宋国张畅的儿子吗？”这其实是在讽刺张融，因为他父亲张畅是被冤杀的，张融皱了很长时间的眉头才说：“我父亲真不幸啊，名声都传到蛮夷那儿了。”

张融去世之前留下遗言说花三千买口棺材，新衣服就不要做了，让他左手拿《孝经》和《老子》，右手塞一本《法华经》就行了，两个妾等丧事结束了就各自回家吧。

这样一个有趣的苏州男人就生活在历史里，生活在每个记住他段子的人的记忆里。

以酒为媒：张旭

张旭（675年—约750年），字伯高，一字季明，汉族，唐朝吴县（今江苏苏州）人，开元、天宝时在世，曾任常熟县尉，金吾长史。

以草书著名，与李白诗歌、裴旻剑舞并称为三绝 。诗亦别具一格，以七绝见长，与李白、贺知章等人共列“饮中八仙”。与贺知章、张若虚、包融号称“吴中四士”。书法与怀素齐名。性好酒，据线装本《旧唐诗》记载，张旭每醉后号呼狂走，索笔挥洒，时称“张颠”。实也说明他对艺术爱好的狂热度，如民间说的入迷。他从担夫争道、歌女舞剑上获得书法的变化意蕴；又在“纵使晴明无雨色，入云深处亦沾衣”（《山行留客》）两句诗中揭开了自然界的秘密。他确实能把生活和艺术打成一片。

张旭爱酒是出了名的，同样出名的当然还有李白，杜甫把两个人都列在《饮中八仙歌》中：“李白斗酒诗百篇”，“张旭三杯草圣传”。说到酒，唐代虽然有烧酒的记载，但根据可靠的考证，中国历史上真正的烧酒也就是蒸馏酒的出现应该在元代，往前推最早也不过宋代，否则你怎么理解武松连喝十八大碗酒还提着哨棒晃到了景阳冈上等老虎呢？所以饮酒的八仙喝的应该都是米酒，奢侈的就来点葡萄酒而已。

只是米酒喝多了不但醉人，张旭还喝颠了，所以史称“张颠”。这个苏州男人那是真爱酒，与李白借酒浇愁不同，张旭每回喝酒都要喝到出状况，作为一个纯粹的艺术家，他在“醉”中把草书写到了巅峰，点画之间倾注的满腔情感散发出旁若无人、如醉如痴、如癫如狂的精气神，以至于酒后的他经常把头发浸到墨汁中用来书写，酒醒后自己也觉得如有神助，醉中写的那些字清醒状态下怎么也写不出来——习惯成自然，下回写字前那就再喝呗。

张旭的草书中有个名帖叫《肚痛贴》，疑似张旭肚痛时自诊的一纸医案，就记述了三十个字：“忽肚痛不可堪，不知是冷热所致，欲服大黄汤，冷热俱有益。如何为计，非临床。”这幅作品开头的三个字，写得还比较规正，字与字之间不相连接。从第四字开始，便每行一笔到底，上下映带，缠绵相连，越写越快，越写越狂，越写越奇，意象迭出，颠味十足，将草书的情境表现发挥到了极致。可以看出，张旭这种纵横豪放的情怀，张扬恣肆的宣泄，泰山压顶的气概，变幻莫测的态势，在奋笔疾书的狂草中，横空出世，让观者惊心动魄。张旭说自己草书的灵感来自两个方面，笔法之意是看到公主担夫争道，笔法的神韵来自公孙大娘舞剑，后一个还好理解，前一句话到底是什么意思?这句话逐渐就演变成了一个公案，有说公主和担夫争道的，有说是公主的担夫争道的，莫衷一是，而且这与书法之意又有什么关联呢?

担夫行走时既不是书生八字踱步，也不是快跑，其实是利用惯性原理的快步疾走，想象一下疾步快走的担夫定是敝小性微之人，前面突然看到公主的华盖驶来，如果慌忙让路停下来担子必定失去平衡反而冲撞了贵人，担夫只能稍微加快点速度抢先过道，这时努力控制平衡的担夫就以人为支撑点，让担子前后左右转动起来，外人看来动作反而有一种比争道前轻灵三分的夸张。也许张旭的意思是自己看似癫狂不羁的笔法中其实有着严谨的法度，只是知道了不一定真的体会得到而已。所以写书法时醉了癫了却不能糊涂了，否则还不就是一个真的醉鬼吗？

唐人却醉在了开元盛世中，李白的诗、吴道子的画、张旭的草书和裴将军的剑并称为“天下四绝”，前述三绝无一不是中国文化的巅峰状态，后人论及唐人书法，对欧、虞、褚、颜、柳、素等均有褒贬，唯独对张旭无不赞叹不已，这是艺术史上绝无仅有的情况，所以后辈颜真卿两次辞官追随他也就不足为奇了。唐人张国在《幽闲鼓吹》记叙的一小折野史还从侧面佐证了当时的情况：张旭到常熟任县尉才十多天，有一个老翁为了一件小事到县衙内告状，张旭给他写了一张判决书，不料过了数日，这个老翁又来求判，张旭非常恼火地说：“你怎么敢为了一件细小闲事屡次来求判，吵扰衙门！”这个老翁回答说：“我实在不是为了再来求判，而是因为看到你上次判决书上的书法笔迹奇妙，想多得一些作为墨宝珍藏起来。”

张旭的狂草是源于酒醉还是得酒醉之意已不可考，但酒的原料其实就是粮食，喝点儿米酒，在似醉非醉间寻找点乐子也是桩幸事，境界再往上拔一拔就是人醉心不醉了，也许那一线若有若无的灵感就是这么出现的。

最高职称：杨惠之

杨惠之（生卒年不详），唐开元时雕塑家。吴郡(今江苏苏州)人，创作活动于唐开元(713年—741年)年间。先曾学画，初与吴道子同学绘画，师法张僧繇笔法，号为画友。

被大众认为具有特别美德和神圣的人大体上都被称作圣人，当然这样的称呼起初应该为宗教所用，只是宗教的最终目的总是在自己学说的传播上，所以圣人的说法也终究流传并被应用在世俗的人身上了，下面列举一下在中国历史上有名的圣人：酒圣杜康，书圣王羲之，草圣张旭，史圣司马迁，至圣孔丘，文圣欧阳修，亚圣孟轲，医圣张仲景，武圣关羽，乐圣李龟年，茶圣陆羽，棋圣黄龙士，诗圣杜甫，画圣吴道子，词圣苏轼，曲圣关汉卿。当然有个更厉害的就是李白，称他圣人都不够用了，都位列仙班称作诗仙了，而且还没人不服气。

还有好多人也是这圣那圣的，塑圣杨惠之就是其中之一，所以换个角度来说圣人还真就是个职称，当然是最高的那一种。

杨惠之是苏州人，传闻他是吴道子的同学，两人共同向张僧繇学习绘画，张僧繇对绘画的重大贡献是吸收天竺佛画中的“凹凸花”技法，而吴道子由于名声渐大被称作画圣，杨惠之就烧了笔纸摔了砚台转攻泥塑了。只是恐怕这种说法牵强附会了点，大概源自“道子画，惠之塑，夺得僧繇神笔路”这一说法。张僧繇和杨惠之都是苏州人，吴道子是地道的北方人，这三个人生活的时代相差了两个世纪左右，师徒关系是绝无可能，其实吴、杨二人都从张僧繇身上学得先进的绘画技巧恐怕才是正解。虽然张僧繇是对隋唐影响最大的画家，但画圣是吴道子而不是张僧繇肯定也是有缘由的，想必作品数量也是决定性因素之一，因为吴道子毕竟生活在伟大的唐朝。

杨惠之就没人和他争了，这个对于中国艺术来说算是偏门的雕塑，因为从来就没有文人的参与，基本上就是工匠的天下，不像我们现在生活的这个时代，一提到雕塑家，那都是与裸体和抽象高度相关的高大上的形象。估计也就是个工匠，至多是个很有名的工匠，杨惠之的艺术成就还有人探讨一番，生平之类的也就基本上靠传说了。

口头文学里是这么说的：杨惠之是贫苦人家的孩子，从小大家都服他，属于有威望的那一类。为啥服他呢？因为他随手抓起几把潮泥湿土就能捏出一个天神天将来，放在土地庙里当菩萨，竟能哄得一些善男信女来上供烧香。供品中团子、糕饼不少，杨惠之拿了分给小伙伴吃，大家自然让他做头了。不料小孩子家淘气的把戏得罪了当地的乡绅，说他污渎神灵，要惩办。杨惠之眼看要吃苦头了，好心的人劝他父母说："既然你家孩子喜欢这一路，倒不如送他到城里玄妙观去学个描画神道轴子的手艺，将来也好混碗饭吃。"杨惠之的父母到处求亲托友，终于把他送去学画了。

杨惠之心灵手巧，又跟了个有本领的师傅，不分日夜地搬笔弄彩，把神道佛像画得活龙活现。不过，比起他的师兄吴道子来，他始终差了一点。杨惠之下苦功，决心要超过师兄，但到底他是聪明人，知道自己在画画方面只能屈居师兄之下，便趁早另寻了门路。于是他拜别了师傅、师兄，拎着一个青布包裹走了。东行一百里他到了昆山，借住在一个孤单独身的老人家里。白天他帮老人挑水烧火，晚上就捏起人像来。这下已不再是小时候捏来玩玩了，这几年他从字画中得来的经验和体会使他塑出来的像大有进步，没有人能塑得像他这样好。但是他自己总不满意，常常是塑好了又捣碎，捣碎了又再塑。有一年新春，杨惠之终于把一个自己感到满意的塑像拿到了街上。那时正是上市时候，街上人头攒动，围拢来观看的人们都赞不绝口："好啊，多好的一个烂泥菩萨！"杨惠之听了很不高兴，他沉着脸，一下把泥人摔成几块，走了。

又过了多少个日日夜夜，从冰泥雪水做到春暖花开，杨惠之塑的泥人一个比一个好，但他又把它们一个又一个捣烂重做。他总是自言自语地说："好！好得像个烂泥菩萨？哼！"

初夏的一个晚上，青蛙在田地里呱呱叫。半夜，月亮从云里冒出来。这时候，杨惠之吃力地抱着新塑好的一个一人高的泥人，悄悄地放在街市中的一座凉亭里。泥人侧身朝外站着，她是一个年轻妇女，挽着一只菜篮，像是在等人。

天蒙蒙亮，一个起早赶集的农民，挑着一担青菜在凉亭前停下来，对着泥人问："要买菜吗？"晓风吹动了泥人头上的饰物，好像摇了一下头。那个农民又问了声："不要吗？不碍事。"挑起担子走了。接着，一个卖菱角的、一个挑茭白的都向泥人问一声："要不要买？"

杨惠之这才高兴地笑了，他抱起泥人往回家的路上走去。想不到后面有人跟着他，而且人越来越多。杨惠之这时好像听得后面有人在喊他："强抢民女啰！"他莫名其妙。回头一看，不好了！几个差役正赶上来，吆喝着捉他来了。杨惠之大吃一惊，把泥人往地上一摔，拼命逃跑。泥人被摔碎了，差役们跑近一看，什么强抢民女！亏他有这本事，手捏的泥人比真的还真！这时赶来看热闹的人们围了一层又一层。一个秀才摇头晃脑地赞叹说："百工之中，皆出圣人，此杨惠之，亦可谓之一圣。"从此"塑圣"杨惠之就名扬四海。

多有喜感的民间文学！是否觉得和《神笔马良》有得一比？没问题，甪直保圣寺如今还有他的泥塑真迹，不过想参观你还是要掏上几十块钱的，毕竟此处是国家级文物保护单位，毕竟人家杨惠之拥有的是业界最高职称。

故事之外的故事：范仲淹

范仲淹（989年—1052年），字希文，北宋著名的政治家、思想家、军事家、文学家、教育家，世称“范文正公”。仁宗时，担任右司谏。景祐五年（1038年），在西夏李元昊的叛乱中，范仲淹与韩琦共同担任陕西经略安抚招讨副使，采取“屯田久守”方针，协助夏竦平定叛乱。庆历三年（1043年）与富弼、韩琦等人参与“庆历新政”，提出了“明黜陟、抑侥幸、精贡举”等十项改革建议。新政历时仅一年。后因为遭反对，范仲淹被贬为地方官，辗转于邓州、杭州、青州，晚年知杭州期间，设立义庄，皇佑四年（1052年）病逝于徐州，谥文正。著有《范文正公文集》。

这是一个关于家族、亲情复杂关系的故事，这是一个关于勤奋、理想、努力、责任的故事，我慢慢道来的是关于一个苏州人、一个名叫范仲淹的男孩成长为一个伟人的故事。

这个故事应该从很久以前说起，当然免不了要提到祖先和亲人，范氏家族来自幽州，迁居苏州市卧龙街灵芝坊（今范庄前，苏州市景范中学），逃避战乱应该是主要的原因，作为上古时代荆蛮之地的南方对这类知识分子南迁历来是欢迎的，这也是江浙一带后来人文荟萃的伏笔。范氏祖辈南迁后主要担任的就是吴越王的幕属，所以范仲淹的父亲范墉随吴越王钱镠归宋后也就在大宋境内辗转为官，大部分时间在各地担任一个叫节度掌书记的官职。北宋时节度使不像唐朝中后期手握重兵的军阀，只是个虚职，形象点说就是个名誉职位，节度掌书记倒是吏部任命的七品属官，虽说是七品，但在当地应该就只在几人之下了，每月拿二十贯钱的工资，收入和大县县令相当，比县令好一点的是年底还有一笔年终奖，这个官职范墉一做就是十几年。在范墉"匍匐以就微禄"的时候，相邻的十几公里之外的谢家庄有个谢姑娘也不好过，不过谢姑娘不愁钱，作为当地富户千金的她愁的是出嫁。小孩没娘，说来话长。谢姑娘的老父亲东霖老员外本身就是入赘刘家的，这么多年养了好些个子女都没活下来，最后总算在观音菩萨的帮助下老来得女，巧的是女儿出生在观音生日这一天，四十七岁的老员外毫不含糊，直接给女儿取名谢观音了。谢老员外过世的时候谢姑娘十六岁了，小小年纪就挑了大梁，那自然是十分有主意的，为防家产外流，她对自己的婚姻提出了更为苛刻的条件：不但要入赘而且要改姓。除此之外谢姑娘对人品要求还高，这样谢观音蹉跎到二十六岁终于熬成了老老姑娘，当然这是以那个时代的标准衡量的。此时范墉的原配陈氏因产后大出血已经死去三年。范墉和陈氏一共生养了六个孩子，两个女儿已经出嫁，四个儿子中两个死掉了留下两个幼子范仲温、范仲滋在范墉身边，这日子可想而知。都等不下去的男女双方终于在媒人的撮合下达成了共识：比女方大二十七岁的范墉入赘谢家，是的，是入赘而不是续娶，可能因为范墉是大宋官员的缘故，改姓一事倒是作罢了。

公元989年10月1日，范仲淹出生于河北省正定谢宅。范墉于次年正式调往徐州，谢观音于是变卖家财随行，然而不幸的是范墉刚到徐州就得了传染病去世了，谢观音只能带着范墉、陈氏的灵柩和三个幼儿南下投奔范墉的苏州老家。从上述两人的婚姻历程，我们隐约可以理解苏州范氏当时的决定：收养范墉青梅竹马的陈氏所生的两个男孩（这两个男孩当时一个六岁一个四岁），拒绝谢观音和范仲淹。不被接纳又无处可去，谢观音守孝期间只好带着尚在襁褓之中的范仲淹住在天平山咒钵庵内，这也就是范仲淹母子无所依的由来了，也许庵堂内晨钟暮鼓的宁静反而能让人少许忘却一下人世间的悲欢离合。当然，谢观音不是普通农村妇女，传闻她当时一直用树枝在地上教范仲淹写字，所以范仲淹的启蒙教育很可能是他母亲在这个时期帮助他完成的。守孝三年之后，在范仲淹四岁的时候，经天平山咒钵庵师太的撮合，谢观音改嫁给了担任平江府推官的安徽人朱文瀚。朱文瀚是个鳏夫，带着一个七岁的儿子，于是范仲淹改姓更名成了朱说。没多久时间朱文瀚被调往湖南安乡任县令，随后的几年间谢观音为朱文瀚又生育了三个儿子，然而夫妇俩对朱说也就是范仲淹那是没的说，谢观音将正定变卖家产的余资和徐州给的范墉抚恤金的余资集合在一起，在如今岳阳的云溪区以儿子朱说的名字购置了一处产业，大概房屋十余间、良田数十亩，还有几处水塘。此事还涉及一段公案，范仲淹写下千古名篇《岳阳楼记》后有人考证出他从没去过岳阳，认为其中的景色描写来自范仲淹的想象或是滕子京的描述。然而在范仲淹的孩童时期他就已经在岳阳附近生活和学习了，后来他的孙子曾有如下记载：坐落在土名湖南岳州临湘县楚冲里太平桥之庙湾庄田一所，请凭亲族人等到场，付与子婿毛长发名下管业、收租、耕种，以此为据。

范仲淹正式的读书生涯开始于公元995年，他被送到洞庭湖畔的太平兴国观拜司马道士为师学习知识，没两年他继父朱文瀚先后调任淄州（今山东淄博市）任长史和任长山县令（今山东邹平县）。此时朱家的家境越发不堪了，朱文瀚的那点收入要养活谢氏和起码五个儿子，虽然他对范仲淹视若已出，但估计也是力不从心。对于朱说也就是范仲淹不是朱家人的事，除了两个大人外也就是朱文瀚的长子知道，兴许谢氏受了什么风言风语或者商贾出身的她真心认为读书人也过不上太好的日子，范仲淹有一阵子居然被停了学业送到一家铺子去当伙计学做生意去了，但只过了一个月他就逃了回来坚决要求读书，朱文瀚对此表示十分赞同，支持他继续学业。从朱氏夫妇两个人的经历来看，范仲淹这段鲜为人知的学徒生涯按当下时髦的说法更像是两种不同价值观的碰撞。想要继续读书的范仲淹于是去了六十里外的醴泉寺寄宿读书并兼着一份打更报时巡逻护寺的工作，也算是勤工俭学了。既然身在佛家丛林，生活必定是清苦的，晨夕之间便就读讽诵的范仲淹每天只煮一碗稠粥，凉了以后划成四块，早晚各取两块，拌几根腌菜，加上几粒盐吃完后继续读书，“划粥断齑”就是他这段生活的真实写照。

真相被揭示的过程就是一段情节非常狗血的伦理剧，朱说回到家里看到哥哥有些铺张浪费，心想：我在庙里划粥断齑都成一段佳话了，你怎么不体谅一下家里的情况呢？估计就说了两句重话，受了刺激的哥哥也是口不择言说你不是我们朱家人你别管我的事。于是满心疑惑的朱说从母亲谢氏口中知道了自己的身世，虽然与朱家关系尚好，但是朱说还是决定自立门户。公元1015年，也就是宋大中祥符八年，范仲淹以朱说这个名字得中殿试第七名进士，随后一面上表朝廷要求变更原名为范仲淹，一面积极联系苏州的范氏一族要求认祖归宗。然而苏州范氏对此却并不热心，据说范仲淹的同父异母兄长范仲温回复说“不记得了”，范仲淹听出其中可能涉及家产分配，便毅然明确表态只为恢复本姓不涉及家产，但还是没有得到认同，当时只有嫂子丁氏（范仲温之妻）替范仲淹说了几句公道话，但妇道人家起不了什么作用，最终还是闹个不欢而散。

清官难断家务事，孰是孰非暂且放在一边，不到而立之年的范仲淹开启了属于他自己的波澜壮阔的人生之路。在此后四十年的仕途之路中，这位伟人可圈可点的事迹十分丰富。譬如盐仓监官任上他建议在通州、泰州、楚州、海州沿海重修一道坚固的捍海堤堰，朝廷于是以范仲淹作兴化县令全面负责治堰，范仲淹率领来自四个州的数万民夫奔赴海滨开启治堰工程。不久后的一场大海潮吞噬了一百多名民工，此时一部分官员认为这是天意让堤不可成，主张彻底停工，事情报到京师，朝臣也踌躇不定，但范仲淹努力坚持，捍海治堰又全面复工，绵延数百里的长堤终于得成。担任京官后，作为坚定的帝党，范仲淹不免得罪垂帘听政的刘太后，至刘太后死后又与权臣数番争斗，数次被贬的经历让范仲淹的仕途几度沉浮。公元1034年，范仲淹被任命为苏州知府，这个任命其实并不寻常，因为北宋的地方长官禁止由本地人担任，范仲淹的任命源于苏州发生了水患，他在苏州前后一年时间的太守生涯中除了治水，作为苏州人的他还买了块地准备兴建自己的住宅。这里要插句话说说范仲淹的婚姻。从事实来看，范仲淹本人的首次婚姻也应该算是入赘的，只不过依旧还是不变更姓氏的那一种，因为三十五岁才结婚的范仲淹带着他的母亲谢氏一直住在妻子李氏家中，他的长子最后也娶了李氏的侄女为妻。范仲淹买下苏州这块地后前来堪舆的风水先生说这是块贵地，今后范家中必有公卿相继出世，范仲淹认为自己不能独占贵地，应该让一郡之人都能得此好处。于是在此风水宝地兴建了日后名贯东南的苏州府学，并延请名师教导学生，这一创举对宋朝来说也是头一遭，后来各地纷纷效仿，成为一段佳话。

当过苏州父母官后范仲淹迎来了仕途生涯中的一次重大变化。由于西夏人的进攻边关告急，他被任命为北宋西北方的军事副统帅。刚到前线，主帅夏竦和另一名副统帅韩琦贪功冒进，在范仲淹坚决反对的情况下进行了一次反攻，这次作战以惨败而告终，但没人为此负责，因为这个作战方案得到了皇帝本人的首肯。随后的两年，范仲淹和他的长子步步为营建设坚固的防御工事，抵挡住了西夏人的进攻并有所反击，逐渐掌握了战争的主动权，为后来的议和奠定了坚实的基础。虽然该过去的都过去了，但这次战争毕竟让北宋元气大伤，宋仁宗将原先的一干重臣开革殆尽，命返京的范仲淹等起草新政纲领《答手诏条陈十事》，正式开始了著名的庆历新政。只是新政实行了没多久，随着国内外环境的缓和以及其他政治势力的反对，宋仁宗在一年后终于反悔撤销了对新政的背书，这次改革就此失败。范仲淹等一干改革派又都陆续离开权力中枢被贬往各地，贬往邓州的范仲淹在此期间写就了著名的《岳阳楼记》。

公元1049年，六十岁的范仲淹担任杭州知州，在此期间他又一次开历史先河，兴办了历史上第一个义庄——范氏义庄。他将一生之节余全部拿出来在苏州购买义田1070亩，由他的哥哥范仲温筹办，以地租赡养和周济贫困的范氏族人，每人每日一升米，每人每年一匹布等，供养着大概90余口贫困者。这个惠及全体范氏的个人捐赠实践着范仲淹先忧后乐的高尚情操，承担着他追求大同之世的政治理想，而它的辐射影响更是不可估量——这种类似慈善基金会性质的义庄被很多宗族仿效，后来还出现了以赈灾为己任的公益性义庄。至清嘉庆年间，在范仲淹后人的持续捐赠下，绵延800年的范氏义庄拥有义田4892亩，终于达到了巅峰状态，成为一段历史佳话。

当时就被公认为“第一流人品”的范仲淹，写下“先天下之忧而忧，后天下之乐而乐”这句千古绝唱的范仲淹，终于不用也无法承担什么了，公元1052年他在徐州去世——六十多年前，他的父亲也在此辞世。出生于河北高平村的范仲淹葬在母亲谢观音的身边，谢观音既没葬在苏州范墉身边也算得上和长山的朱文瀚永世分别，她的墓地位于河南高平陵。几百年前唐代名相姚崇问母亲过世之后是否与生父合墓时，姚崇母亲说：“人若有灵，远隔千里也相知；人若无灵，埋在一起也枉然。”姚崇就在高平陵买地将母亲独葬，自己死后也埋在母亲墓旁。范仲淹那块半亩大小的墓地也就是受此启发而来的，除了范仲淹，谢观音与朱文瀚生的三个儿子去世后也都埋在母亲墓旁。一生嫁两夫，死后一个也不见；一生养四儿，死后一个也不少。谢观音这样别致的人生真的令人感慨。

范仲淹和母亲谢观音同岁身故（六十四岁），与父亲范墉同地辞世（徐州），这也许就是生命那不可思议的节奏吧。

冒了泡的坏：朱勔

朱勔（1075年—1126年），苏州人。北宋大臣，为“六贼”之一。因父亲朱冲谄事蔡京、童贯，父子都任有官职。当时宋徽宗垂意于奇花异石，朱勔奉迎上意，搜求浙中珍奇花石进献，并逐年增加。政和年间，在苏州设应奉局，靡费官钱，百计求索，勒取花石，用船从淮河、汴河运入京城，号称“花石纲”。此役连年不绝，百姓备遭涂炭，中产之家全都破产，甚至卖子鬻女以供索取。方腊起义时，即以诛杀朱勔为号召。朱勔在奉迎皇帝的同时，又千方百计巧取豪夺，广蓄私产，生活糜烂。钦宗即位后将他削官放归田里，后又流放到循州关押，复遣使将他斩首处死。

评价一个人的用词很多，好、坏，忠、奸，善、恶，但盖棺定论时辩证的情况居多，所谓毁誉参半概莫如此，极端的好人和坏人都很难见到，但历史上对一个人的评价只剩下“坏人”这个标签，朱勔绝对是上榜者。

从某种意义上讲，朱勔是个“生意人”，当然他做的是一桩只赚不赔的生意，所以多年后抄家的时候朱家田庄10所、良田30万亩、每年收租10万多石，以这样的数据，朱家实在算得上是巨富了。当然，这笔巨额财富的获得无疑充满了肮脏和血腥，以至于那场著名的方腊起义打出的旗号就是“诛勔”。所以我们有必要去回顾一下让朱家得以暴富的“生意经”。

“生意经”第一条那绝对是人要有点运气。朱家发迹于朱勔的父亲朱冲，《宋史》对这一过程的描述很戏剧化，大意就是朱冲年轻时也就是一个普通的愣头青，日子过不下去了就到外地借钱，估计本地也没人愿意借给他钱了，没想到这回不但钱借着了，债权人还从怀里掏出一本书，当然不是《天龙八部》之类的武林绝学，不过也离此不远了——医学秘方。总之一句话，朱冲碰到传说中的高人了，时运来了挡也挡不住，靠着这本秘籍，朱冲有钱有园俨然成了一个富家翁，朱勔就是当然的富二代了。

“生意经”第二条是要擅于把握机遇。这其实和一个人的性格有很大关系，朱家崛起的一个关键性的机遇被朱冲稳准狠地把握住了：贬官杭州的蔡京途经苏州时想建个寺庙，请来的和尚说这个要集资，没想到被和尚推荐组织此事的朱冲张口就说“我一个人就行了”。没过多久，一座富丽堂皇的寺庙平地而起。这让蔡京非常惊奇，认为朱冲是个能人，一高兴就让朱冲和朱勔父子两个人都入了军籍（估计父子二人都不是读书的料），这事是交给童贯办的，也许正应了那句“物以类聚，人以群分”，这几个大宋的著名坏人就这么搅和在一起了。

“生意经”的第三条是要有专业知识。有一句说一句，大宋是能人辈出的年代，没有一定的能力想出人头地那也是痴心妄想，就是朱勔也不例外。朱勔的专业能力不是望闻问切，却是与之风马牛不相及的堆山造园，还有个雅号“花园子”，这个才能估计也算是家传，朱冲就喜欢花木山石，交游甚广，不然和尚也不会找上门来。当时有个细节，蔡京造寺庙时要报告朝廷，等朝廷文书到了，朱冲父子已经把数千根巨木从浙江运了过来。除了木头，奇石尤其是太湖石的运输也颇有讲究，由于石头上全是天然的孔洞，容易断裂，他就用胶泥把孔洞封住再裹以巾麻，此时以透、瘦、漏、皱著名的太湖石俨然一块实心的石头，这样运输起来就方便了许多。

然而，恰恰就在这个时候宋朝已然来到了悬崖边。

“宋徽宗诸事皆能，独不能为君耳！”这是《宋史》作者、元朝人脱脱的感慨。宋徽宗赵佶是在哥哥宋哲宗猝死后被向太后选中匆忙上位的，估计从小也没往皇帝的方向培养，琴棋书画倒是出类拔萃，皇帝之中书画最好的非他莫属，所以这个艺术家皇帝喜欢奇石花木也就是顺理成章的事了，于是流毒江浙一带二十年的祸患就应运而生了。这个祸患还有个好听的名字——花石纲。从字面上理解花石纲其实就是运送花石的船队，十艘船为一“纲”，为此宋朝还设立了指挥花石纲的杭州造作局、苏州应奉局。在朱勔主导的这场皇家盛宴中他又念了些什么生意经呢？

溜须拍马那是必定的。宋徽宗要修建景灵宫，下令到吴郡征集太湖石和巨木，这个任务朱大人表示坚决完成。于是成千上万的山民石匠船户水手，不论危壁削崖还是百丈深渊，都强令采取不得拖延。那些体量巨大的太湖石和从浙江砍伐的巨木，搬运起来十分困难，朱勔为此任意抽调官、商用船影响漕运不说，为了让船队通过，拆毁桥梁、凿坏城郭这样的事也是经常干的。朱大人功不可没，凭此拿下了威远节度使这个名头。

明抢暗夺那是必须的，一旦听说百姓家中有一木一石稍堪赏玩，朱勔就率领健卒直冲其家，黄封条一贴，就算是又搜罗到了一件御前贡物。如果石头树木比你家门大，对不起，拆屋子，你还得说没关系，抱怨的话不能说，否则"大不恭罪"这顶大帽子一扣，你就倾家荡产地去狱中营救家人吧。找谁呀？朱勔朱大人呗。

贪污索贿那是必然的。抢了百姓的东西朱大人那是不给钱的，也没人敢要，但朱大人是代表皇家买东西的，这报账的发票总要开的，于是左手开票右手就从库府支取钱财，"每取以数十百万计"。花石纲船队所过之处，当地的百姓要供应钱谷和民役，朱大人一合计，这个也不能放过。

到了后来，朱勔的行为只能用飞扬跋扈这个词形容了。活人的抢光了，朱大人把深邃的目光投向了死人，但凡谁家墓地里有看得上眼的东西也都是黄纸一贴。更有甚者，朱大人忽然有一天向左邻右舍宣布诏书说皇帝要买你们的房子赐给朱大人我，限五天之内搬家，周围数百家邻居立马鸡飞狗跳、呼天抢地。但谁又敢反对呢？朱勔当时拥有卫队数千人，宋朝东南一带的刺史、郡守多出于其门下，有一阵子朱勔那里都号称东南小朝廷了。

朱勔其实就是寄居在北宋这幢行将崩塌的房屋中的大硕鼠，在朱勔的花石纲生意达到了极致之时，北宋也就走向了衰亡，后来宋徽宗为金人所掳，朱勔在新帝钦宗的清算中灭家败亡——佛家讲因果报应，西方也有同样意思的谚语：上帝欲使其灭亡，必先使其疯狂。

回头再看，花石纲终究是没有赢家的一场皇家盛宴。

不可能完成任务的诗人：范成大

范成大（1126年—1193年），字致能，号石湖居士。平江吴县（今江苏苏州）人。南宋诗人，谥文穆。为诗为文从江西派入手，后学习中、晚唐诗，继承了白居易、王建、张籍等诗人新乐府的现实主义精神，终于自成一家。其诗歌风格平易浅显、清新妩媚，题材广泛，以反映农村社会生活内容的作品成就最高。他与杨万里、陆游、尤袤合称南宋“中兴四大诗人”。

范成大生于乱世，他出生那年北宋恰逢“靖康之难”——灭亡了，刚出生的范成大就随着父母逃离汴京，他的父亲范雩是进士出身，南渡后在南宋担任的官职为校书郎兼任玉牒所检讨官及秘书郎，官名听上去有些古怪，具体大概负责皇家宗室文书、图书、档案的收藏和校对工作。这都是些小官职，譬如校书郎只有从九品上，但在唐代担任过这个职位的有白居易、王昌龄、李商隐、元稹等人，全是后世响当当的文豪啊。

在这样的环境下长大，范成大不成器反倒会成为新闻，所以他一直以能文善诗为人所知。范成大十六七岁的时候父母相继去世，这时他就挑起了家庭的生活重担，直到两个年幼的妹妹都出嫁了他才专心应付科举，在二十八岁时中了进士。他从政的第一个算得上的官职是徽州司户参军，大概就是当地的财政局长。后来他被征召到杭州监太平惠民合剂局，又是一个非常奇怪的官名，类似于国家医药公司总经理。范成大在四十岁的时候总算当上了吏部员外郎这个像样点的官，相当于人事部的一个副司长，这个职位也不知他是怎么争取来的，因为有人举报说他没走正常的程序，属于越级提升，于是立马就被免掉了。在一旁晾了两年后他又被启用担任了处州知府，这回却是屁股还没坐热就被召到杭州，因为有重要的外事活动要参加，他被任命为礼部员外郎——外交部副司长，年底升到了从六品上的起居舍人，这是个专事记录皇帝老大私人和公务活动的官职。

范成大突然转战外交战线，是源于南宋决定派人出使金国去完成一个不可能完成的任务，幸而这个时候还谈不上南宋外交最困难的时期，往前推七年才是个灾难性的时刻。当时主战派皇帝宋孝宗仓促北伐失利，次年与金国签订了割地赔款、对南宋来说堪称耻辱的“隆兴合议”。“隆兴合议”是个很重要的协议，因为在它被签署后的四十年间南宋和金双方之间并没有再发生大规模的战争。合议中有一条规定是南宋不再向金称臣，须改称侄皇帝，其实这两个称谓本质上没什么差别，当时凡是金国使者到了杭州，他会手捧国书站在大殿的北面，而孝宗皇帝则要离开自己的坐榻面向北跪在榻前前行几步拿到国书，然后再起立交给太监。皇帝在公开场合向异国行跪拜之礼是个异常屈辱的外交细节，但换成是侄皇帝那就可以说大家是亲戚关系，也就不必再行跪拜之礼了，当然，这是南宋单方面的理解。但在北伐失利的七年后，一直很有点想法的宋孝宗动了找回点面子的念头，所以他安排了这次外交出使活动。范成大这次出使的主要任务是递交国书，内容是以索取徽宗和钦宗的陵寝之地为由要求金朝归还洛阳等地。说实话，南宋的这个要求尚属合理，金国答不答应另说，对范成大来说如果仅仅是递一递国书，他完全可以把它当成公费旅游，顺带还能在历史上留下个《北游记》什么的。但当时的实际情况就是“隆兴合议”虽然签订了，数年来双方之间还是以君臣相称，孝宗帝依然要行跪拜之礼，所以他要求出使的使臣落实侄皇帝不必跪拜的外交形式。作为南宋最有作为的皇帝宋孝宗大概认为这样的耻辱不应该写进国书落成白纸黑字，他口头要求范成大只能以密奏的方式通知金国皇帝改变宋受书仪式。孝宗皇帝的这个口谕实际上是将出使的人置于极度危险之中，因为使臣临时提出国书中未曾记载的内容会被看作是严重的挑衅行为，而从当时两国之间的关系来看，出使的人恐怕是凶多吉少。此时这个外交决策其实已经在南宋朝廷内引发了地震，左相陈俊卿因害怕金国以此为由南侵而力主暂缓遣使被免职，吏部侍郎陈良祐因论不应遣使直接被罢了官。丞相虞允文推荐了两个出使人选，一个是第一人选李焘，另外一个是范成大。李焘对虞允文说：“今往，金必不从，不从必以死争之，是丞相杀焘也。”第一人选因惧怕而不敢领命前行，倒是第二人选范成大没打个格楞就同意了。

范成大就是在这样的情况下毅然上路的，孝宗帝在他临行前赞扬说：“你气宇不凡，是我亲自选定的人选，听说其他人都害怕不敢去，你还有什么要求？”范成大立马表态说：“我已经有儿子了，还安排了家事，已经为回不来做好准备了。”孝宗帝宽慰他说：“我又不是派兵撕毁协议，怎么会害你？不过你也要有渴了喝雪、饿了吃毛毡、把你囚禁个十几年的心理准备。”这话其实还不如不说呢，害得范成大心里直突突，他就向孝宗皇帝建议干脆在国书中另加一条明确提出变更受书仪式，但立即被孝宗皇帝否决了——最终孝宗还是害怕被认为挑起事端从而招致金国的强烈反弹。孝宗皇帝宽慰人的话不会说，却马上给范成大安排了个适合的身份，将他从起居舍人升到起居郎，又加封了资政殿大学士的荣誉称号，后者是个正三品的虚衔，当然这回满朝文武没人说这是越级提拔了。

到了燕山，范成大立即写成了要交给金国皇帝变更受宋书仪式的密奏，然后把它揣到怀中去递交国书。一路之上大概早就导演和排练了各种细节，所以到了金朝的大殿上范成大按部就班地慷慨陈词一番，金国的君臣正要仔细聆听国书，范成大忽然改口说我们既然是叔侄关系，国书之中没提这个礼节，我写了个奏折要呈上。说完就把上朝用的笏板往腰带里一插拿出奏折就要上交。这个突然袭击让金国皇帝吃惊得嘴巴里能塞下两个鸡蛋了，他大声斥责说：“这是你上奏折的地方吗？！”边上的金国大臣都要拿着笏板揍范成大，范成大也不管边上的情况跪在大殿里坚持要上奏折。当时大殿上一片混乱，事也议不成了，范成大就回到使馆的住处，金国皇帝这时倒派人宣旨取奏折了。后来才知道，范成大还没有起身时金国太子就想杀他，结果被越王制止了。两个烫手的东西一交，范成大就算完成任务回国了。金国朝野都挺佩服范成大的，都说从来没有像他那样胆大的宋国使臣，金主也认为范成大“可以激励两国臣子”。当然，国书和范成大的奏折都被金国否决了，全部照旧，所以这份金国国书宋孝宗应该还是跪拜着接受的，不过历史上的这段外交纠纷还是表了一表南宋的小小抗争。

金国为何最终没对范成大采取点措施反而让他毫发无损地离开呢？一方面当时两国实力并不是美国和伊拉克般的差距，也就是美俄之间的微妙平衡，金国也不愿意大动干戈，外交问题用外交手段解决才是正理；另一方面大概就是范成大的名气使然了。范成大是与陆游齐名的大诗人，他俩与杨万里、尤袤合称南宋中兴四大家。范成大流传于世的诗作有一千九百余首，其中尤以田园诗成就最高。出使金国时，金国的迎使官就是他的粉丝，非常仰慕他，还找了顶和范成大的帽子一样的帽子戴上仿效他。一路北上时范成大也没闲着，在经过那些曾经的国土、如今的沦陷区时他用文字和诗歌进行了大量的创作，爱国和忧民的情怀跃然纸上。而他对苏州文化另有杰出贡献，那就是他退休后编著的苏州地方志《吴郡志》，它可以说是后来编撰各地地方志的范本和典型：从它开始，地方志的形式变化到以文字为主，内容的记载也变得更加博杂。

不辱使命的范成大后来的官职最高达到了参知政事，这是个二品官，通俗地说就是副宰相，然而使他名垂青史的并不是这些或大或小的官职。因为出使和到处为官的缘故，范成大几乎走遍了全中国，他用毛笔和自己的真情实感写下的不朽诗文才是他遗留下来的宝贵遗产，而他在生死关头的义无反顾也在让人唏嘘不已的同时激荡着每个人内心深处的英雄情怀。

富爸爸的浓缩人生：沈万三

沈万三（约1296年—1376年），本名沈富，字仲荣，俗称万三，元末明初商人、巨富。沈万三通过开展海外贸易而积累原始财富，从而迅速成为“资巨万万，田产遍于天下”的江南第一豪富。周庄“以村落而辟为镇”，也实为沈万三之功。关于沈万三富豪事，民间甚至传说他有一只聚宝盆，由此反映出他的财富多到不可胜数，生财聚财技巧高超。至今，苏南、浙北、安徽一带仍广泛流传着关于沈万三的发财、豪奢、田产、经商以及家庭生活诸方面的许多故事及传说。

中国历史上有过三个超级大富豪，第一个是吴越争霸中的范蠡，他由政入商并始终与西施保持着不明不白的恋人关系；第二个是战国称雄的吕不韦，他由商入政并始终与秦王嬴政始终保持着不明不白的父子关系；第三个就是元末明初的沈万三，他富可敌国，却最终除了一些捕风捉影的传说外什么也没留下，连他的生卒年份都不明不白。

当然，倘若像现如今这样编制富豪榜，沈万三应该是以家族的面貌出现在榜单上的。从沈万三家族的发迹史来考察，他正处于一个承上启下的位置，祖父一辈从浙江湖州一带迁居来苏州吴江定居，经过两辈人的经营，到沈万三手里已经拥有地跨数县的田地，应该不是一般的富户而是已然晋身于大地主行列了。那时的大地主普遍靠高利贷敛财，具体说就是春天借出粮食一石秋天就得还两石，如果借银子就是五分利，然后凭借此等手段继续大肆收敛土地。至元代末年土地兼并的程度已相当严重了，除了蒙古贵族在北方拥有大片土地，普遍认为在平江路（今苏州）一带土地兼并表现得最为突出，元代吴澄记述“大家收谷岁至数百万斛，而小民皆无盖藏”，斛即石，元代江浙一带粮食亩产大概3石，也就是说大地主都有百万亩以上田地的实力，更别说沈万三这个超级大地主了。马无夜草不肥，人无横财不富，除了高利贷这个传统致富手段外，沈万三另有财富秘技“通蕃”，而这才是沈万三家族财富爆炸式增长的不二法门。不要因为沈万三的超级大地主身份就把他想象成一个身穿员外衣、脑满肠肥的富家翁形象，好像满周庄卖的万三蹄髈一般，其实不然，清人龚炜就说沈富能文，沈贵善画葡萄，两兄弟与文人骚客素有瓜葛，而且还评论说：“而万三则群指为富人耳，谁复知其能文者？”这样说来沈万三也算是往来无白丁了，见识自然是有的，所以公元1323年元朝完全开放民间海外贸易时，沈万三立即投身海外贸易是可以理解的，而且他有着非常便利的条件：江南沿岸港口颇多，而他又相对容易组织货源。当时的对外贸易目的地主要有南洋、琉球、日本和朝鲜，沈万三将丝绸、瓷器、粮食和手工艺品等运往上述地区，又购回珠宝、象牙、犀角、香料和名贵木材。特别要提到一点，在韩国新安发现的这个时期的某艘沉船上载有四十箱重二十八吨的中国铜钱，数量有八百万枚之多，根据（汪义正）推测很可能是用来与日本交换黄金等贵重物品的，日本需要这类金属来铸造佛像。沈万三家族进行这样的营生，在尝到甜头后，将其长期化、专业化所带来的巨额收益是可想而知的。

作为江南巨富甚或是首富，沈万三在元代的各类文献资料中从无记述，而《明史》中关于他的片言只语是通过马皇后和高祖朱元璋的对话来实现的，大意就是朱元璋不满意沈万三捐资修城墙犒赏军队收买人心要杀他，马皇后劝他不用动怒，这类富商本就是不祥之人必招天谴云云，这其实也是一种近乎野史的表述。在沈荣（沈万三之子）的墓志铭上记载着沈荣出生于公元1306年，而沈庄（沈万三之孙，死于公元1386年，时年四十岁）的墓志铭里回顾了沈庄生前与父亲沈旺（沈万三之子）一家人团圆的情形，其中的语气肯定了沈旺已是当时的家主，沈万三应该已不在人世了，北师大教授顾诚以此入手判断出沈万三大概出生于公元1286年前后，死于公元1348年至1356年之间，所以《明史》在此问题上也多受民间传说影响，有不合情理之处。

沈万三这个富爸爸做得实至名归，他去世之时传给子孙的不仅仅是巨额的财富还有创造财富的手段，因为此时沈万三家族的财富离巅峰状态还远着呢。元末海盐贩子张士诚占领苏州也许促成了沈氏家族财富的又一次爆炸式增长，张士诚秉承元朝政策继续开放海外贸易，刚在苏州立足就在太仓成立市舶司衙门对此进行管理。出于安抚民心的考虑，张士诚与本地富豪们关系非常密切，尤其是沈家。《吴江县志》记载“二子茂、旺密从海道运米至燕京”，结合当时的历史背景，张士诚由于面临被元军与方国珍夹击的情况曾经投降元朝并被封为太尉，作为投降的一方，张士诚向元政府上贡大米的可能性非常大，而由沈家来完成这样的任务正说明沈家深得张士诚器重，沈家因此继续扩大海外贸易也就是情理之中的事了。本身就喜欢敛财的张士诚盘踞苏州十数年，到明洪武初年，中原一带因为连年战乱恐怕已是千疮百孔了，而沈万三家族因为与当权者关系良好反而促进了财富的高速增长，于是明朝甫一建立沈家就急忙向新的当权者示好，“时方征用人才，茂为广积库提举，旺之侄为户部员外郎”。从这些官名也可看出沈家的官帽多少与资财有些关系，这样说来，沈家后人向朱元璋捐资营造南京城墙和犒赏军队也应该是史实，目的不外乎讨好新政权以延续家族在财富上的继续发展。只是他们尽想着好事情，不知道此时自己已是新皇朝的眼中钉了，原因太简单了：他们太有钱了。沈万三家族到底有多少钱呢？后世有人说比清朝的和珅富，和珅抄家野史中说价值八亿两白银，因而有人推断沈万三有二十亿两白银，其实稍作分析就会发现破绽，按此说法沈家大概值五万吨白银，实乃无稽之谈。根据官方记录去推断，和珅除去珍宝古玩字画外，其房产现金值两千万两白银，而沈家“资巨万万，田产遍于天下”，元朝安西王占民田三十万顷合四百五十万亩，特大地主沈万三应该不输此人，按明中叶地价为一亩二两银子计算，他家土地就值千万两白银，资巨万万恐怕就是做生意的流动资金了，这才是沈家资产的大头，据实算当在亿两白银以上，折合成人民币怎么也要六七百亿了。

富爸爸沈万三的遗产中还有“积善”两个大字，这应该是取自“积善之家，必有庆余”。他的儿子沈荣还特地建立积善堂以资纪念，然而沈万三的儿孙、女婿、赘婿先后牵涉重案，尤其是赘婿顾学文勾引梁姓妇女被该女的夫家陈姓发现，此时适逢蓝玉一案爆发，陈父趁机告发，沈家本与蓝玉素有来往，在顾学文的攀咬之下沈家竟然全军覆没，自明洪武二十六年至三十一年，也就是公元1393年至1398年，顾家、沈家以及这两家其他的亲戚甚至仇家被一网打尽，全部处死，始作俑者之一的梁姓妇人亦自缢而亡。既然沈家的灭亡与著名的谋反案牵连在一起，明朝后来的文人史家又有多少敢涉及这个敏感话题呢？所以沈万三家族就这么消失于史海中，而历经五六代的沈氏发迹和衰亡史也就以民间口口相传的故事和一些似是而非的逸事为载体并逐渐浓缩到沈万三一个人身上了，此时又有谁去真正关心那几个墓志铭呢？这个浓缩的过程还证明着一个有关财富的古老命题：原罪。财富本身是没有对错的，然而财富的积累过程始终逃不过“原罪”两个字，积善只不过是一种愿望罢了。当数十年间土地逐渐集中到沈万三手里让他成为大地主甚至江南首富的时候，又有多少农户家破人亡、卖儿卖女？而这又哪是这种高门深宅中的富豪们真正关心的？最后这种伪善碰到血腥的强权也就立即烟消云散了。

沈万三的妻妾丽娘亡故时，沈万三置离思碑，上书：“玉骨土融，百形皆幻；红脂尘化，万态俱空。”这又何尝不是他家族的写照呢？

“坏人”：姚广孝

姚广孝（1335年—1418年），幼名天僖，法名道衍，字斯道，又字独闇，号独庵老人、逃虚子。长洲（今江苏苏州）人。明朝政治家、佛学家，靖难之役的主要策划者。

姚广孝年轻时在苏州妙智庵出家为僧，精通佛、道、儒、兵诸家之学，与高启、杨基等人结为好友，后被明太祖选中，随侍燕王朱棣，主持庆寿寺，成为朱棣的主要谋士。朱棣靖难时，姚广孝留守北平，建议朱棣轻骑挺进，径取南京，使得朱棣顺利夺取南京，登基称帝。成祖继位后，姚广孝担任僧录司左善世，又加太子少师，被称为“黑衣宰相”。永乐十六年（1418年），病逝于庆寿寺，追赠推诚辅国协谋宣力文臣、荣禄大夫、上柱国、荣国公，谥号恭靖。

“不交僧道，便是好人”，这是明清少儿读物《增广贤文》中的一句话，这里的“好人”并不是指心肠好的“好人”，而是意指“行为端正之人”，从这个角度去说，大明国师姚广孝显然是个“坏人”。被朱元璋剿灭的元朝曾流传着这样的等级划分：一官二吏三僧四道五医六工七匠八娼九儒十丐，身居臭老九的儒生想着晋身一官二吏脚踏三僧四道也并不奇怪，编个启蒙读物也算是把“教育要从娃娃抓起”落到实处了。

姚广孝出生在元朝，十四岁取法号“道衍”，出家时也在元朝。在被看不起的异族的统治下，出家未尝不是读书人的一条好出路。姚广孝后来凭借这样的身份从灵应宫道士席应真处学习阴阳术、数术及兵家之学，然而这样一个精通佛儒道甚至是杂家的聪明人却走上了一条充满荆棘的造反之路，确实令人奇怪。也许从长相上看他就是个“坏人”，姚广孝曾经游历嵩山寺，在那儿摆摊相面的袁珙见了他就说：“是何异僧！目三角，形如病虎，性必嗜杀，刘秉忠流也。”姚广孝听见后大喜，估计是因为找到了一个能说会道会忽悠的人而大喜的吧。马皇后死后朱元璋就给每个儿子都配了一名高僧诵经荐福，姚广孝经人举荐就与燕王朱棣速配成功了，当然此时年过五旬的姚广孝平时的坐卧行走一定也已有高僧的“范”了，如果让他觍着脸向朱棣说你有帝王之气未免有些下作，于是袁珙又一次出现在应该出现的地方说着应该说的话。

关于建文帝与他的各位叔叔的恩怨纠葛大家其实也都十分清楚了，但总体来看，朱棣走上靖难之路也并非完全是他的本意，叔侄间的互相猜忌、旁边各色人等的小算盘都是诱因，但就这样从宅斗肥皂剧到最后变身为动作大片，姚广孝无疑是闪耀其间的一个集编、导、演于一身的大明星。我们先来看看姚广孝的编剧功力。建文帝一心削藩，朱棣的兄弟周王、湘王、代齐王、岷王纷纷得罪或被贬谪或被削为庶人或被正法，姚广孝于是密劝朱棣起事，朱棣为难地说："民意都支持朝廷，我们能怎么办呢？""臣只知天道而已，何必管什么民意！"你看这词编的，奉天承运也就这个意思了，于是朱棣渐渐下了决心，"阴选将校，勾军卒，收材勇异能之士"。姚广孝鼓动成功后就转身成为导演了，他在王宫密道中训练部队，在宫殿地下打了地洞，在其周围放养鸡鸭等动物来掩盖地下打造兵器活动的噪音。朱棣府中的护卫倪凉告密，兵部尚书齐泰于是命令北平都指挥张信逮捕朱棣，朱棣不得不起兵，当时正遇到暴雨临近，檐瓦堕地，朱棣脸色都变了。估计袁珙当时不在身边，姚广孝只好自己赤膊上阵出镜劝说了："这是祥兆。飞龙在天，一定有风雨跟随。瓦片掉下了，将要改用皇帝那黄色的瓦了。"就这样，无发（法）无天的和尚姚广孝成功地鼓动燕王朱棣走上了造反的"康庄大道"。

高僧毕竟是高僧，建文元年十月，朱棣袭击大宁的时候，李景隆乘间围困北平。姚广孝以数万士兵抵抗数十万中央军的围困，夜间还派遣壮士偷袭，朱棣回援后内外夹击获得大胜，李景隆、平安等先后战败逃撤。随后朱棣却在东昌遭到重大失败，大将张玉战死，朱棣想休整一下，姚广孝坚持招募士兵继续作战。朱棣击败盛庸后，又是姚广孝建议不要去攻占城市而应迅速击败中央军攻入南京。所有的一切都按照姚广孝的推演进行着，《明史》更是总结出朱棣登基为明成祖的过程中姚广孝功劳第一。随后的姚广孝一面扮演着"黑衣宰相"的朝堂角色，一面与解缙等人修纂《永乐大典》，摇身一变要在文化上开枝散叶。不过到底当过"造反派"，姚广孝在与人争论时也是赤膊上阵，不留情面，尤其是他的《道余录》，矛头直指程朱理学，揭穿了儒家只许州官放火的嘴脸。程颢讽刺说“佛学大概且是绝伦类，世上不容有此理”，姚广孝批驳说：“你们儒家推崇的泰伯、伯夷、叔齐都是至德圣清的人，怎么不提他们绝伦类呢？”这其实就是说他们连孩子也生不出来。姚的这些为佛教辩护的言论都被当时的文人所鄙夷，不过联系姚广孝的身份来看，这些言论简直是太正常的反击了。

帮助叔叔抢了侄儿的江山，又出言打击儒学，姚广孝只能坐实“坏人”的称号了，他回苏州省亲访友，不但姐姐闭门不见，他的朋友王宾也不见他，只是说道：“和尚错了啊，和尚错了啊。”广孝惘然。惘然什么我们并不知晓，经过了数百年再去看那段历史，实际上谁都没有错，也无所谓好人坏人，每个人的诉求和抱负千差万别，都在自己认可的道路上前进着。

都说姚广孝回乡体会到了众叛亲离的滋味，这不过是俗人的一番言辞而已，那一刻的惘然未尝不是一种禅境的发端，姚广孝毕竟是高僧道衍啊。

“帮主”是这样炼成的：蒯祥

蒯祥（1399年—1476年），明代建筑巨匠，苏州吴县（今江苏苏州）人。蒯祥的父亲蒯富有高超的技艺，被明王朝选入京师，当了总管建筑皇宫的“木工首”。蒯祥自幼随父学艺，蒯富告老还乡后，蒯祥已在木工技艺和营造设计上成名，并继承父业，出任“木工首”。蒯祥曾参加或主持多项重大的皇室工程，景泰七年(1456年)任工部左侍郎。负责建造的主要工程有承天门（今天安门）（1417年）、皇宫前三殿（1440年）、长陵（1413年）、献陵（1425年）、裕陵（1464年），北京西苑（今北海、中海、南海）殿宇（1460年）、隆福寺（1452年），等等。

“帮”其实就是聚在一起的一伙人，有人的地方就有江湖，有江湖的地方就有帮派，当然丐帮、漕帮、巨鲸帮这样著名的民间协会今天的普通人都没见过，也就只能在小说和影视作品中找寻与想象了。“帮”自然不是终极组织，它上面还有“教”，这应该是有思想或政治诉求、范围更广大、超国越界的组织了。

“香山帮”乍一听就知道是个地域性的组织，但这个帮派却有些特点：人人持械却不好勇擅斗。没什么奇怪的，一群手拿斧、凿、锯、铲跟自己较劲的匠人而已，因为来自苏州胥口的香山而得名。然而在建筑领域，这当真是一个响当当的名头，原因就是出了个有名的帮主——蒯祥。

帮主毋庸置疑一定是此道高手，不管他是自己打拼出来的还是上一辈传下来的。那蒯祥这个帮主是怎样炼成的呢？

拥有足以服众的武功那是第一铁律。蒯祥的技艺自然没得说，那属于家传的独门功夫，父亲蒯富被明王朝选入京师当了总管建筑皇宫的“木工首”，而自幼随父学艺的蒯祥在蒯富告老还乡时已在木工技艺和营造设计上成名，再次出任“木工首”，不出什么意外蒯祥一辈子也就是在京师的皇城上修修补补了，当然这个京师是朱允炆的南京而不是朱棣的北京。所以机遇就这么来了，朱棣夺了侄儿的江山后征召全国各地工匠前往北京大兴土木建造新的首都，蒯祥作为明成祖的随从人员先期北上参加皇宫建筑的设计，设计水平高人一筹的蒯祥被任命为皇宫重大工程的设计师。

除了武功高还要有见识和才情，这是第二铁律。别人刚亮个架式就能判断出是武当还是少林这还是需要真本事的，如果认为蒯祥只是个木工头那就太小看他了，其实他是木匠、泥匠、石匠、漆匠、竹匠五匠全能型选手，不然的话他就只能是个匠人而不是大师了，而触类旁通的见地是大师的基本素质。说到才情，蒯祥倒是与众不同：他读过几年私塾。这个经历应该与他父亲有莫大的干系，

“万般皆下品，唯有读书高”是中国父母古往今来对子女最热切的希望，蒯富想必也不例外。是什么原因让蒯祥最终还是子承父业不得而知，但蒯祥在艺术天赋和审美意识上有上佳的表现：他能以双手握笔同时画龙，合二为一，一模一样，技艺可谓是炉火纯青。记忆中只有金庸笔下的周伯通和郭靖两位大侠玩过类似绝技。

当然，周伯通一辈子没干什么正事，这与蒯祥就有了天壤之别。自公元1417年起，蒯祥接受的第一项任务是负责设计和组织施工作为宫廷正门的承天门（今北京天安门），这项工程在蒯祥的运筹下于永乐十九年（1421年）竣工。在接下来的小半个世纪里，他负责的主要工程有长陵（1413年）、献陵（1425年）、皇宫前三殿（1440年）、隆福寺（1452年）、北京西苑（今北海、中海、南海）殿宇（1460年）、裕陵（1464年）等。明史和地方史中都认为精通尺度计算的蒯祥在建筑学上的创造力达到了炉火纯青的程度，在每项工程施工前他都做了精确的计算，竣工之后，位置、距离、大小尺寸与设计图分毫不差，其几何原理掌握得相当好，在中国传统的榫卯技巧上亦有独到之处。“凡百营造，祥无不与。”《宪宗实录》中的评说道出了蒯祥帮主之路最重要的一点：骄人的功绩。

万事俱备，只欠东风。这不，东风来了，历经七位皇帝并给其中六位皇帝干过工程的蒯祥于景泰七年（1456年）出任工部左侍郎，相当于现在的住建部第一副部长，这毫无疑问就是蒯祥江湖地位的体现，也是朝廷给予他的最高褒奖，德艺双馨的蒯祥实至名归和众望所归地成为刚成立的“香山帮”的首任帮主。

“香山帮”成立了，帮主也选出来了，什么？帮主没有名号？这不可能，响当当的“香山帮”帮主怎么会是无名之辈？忘了告诉你，就在建造完承天门之后，蒯祥便被江湖人称作“蒯鲁班”，起这么高端上档次的名号的还不是一般人，而是那个雄才大略的永乐皇帝朱棣。

说东道西，“香山帮”就是后来的工匠们进行自我识别的一个名称，其实并没有具体的历史事件表明其真正形成过一个聚众的团体，哪怕是出于商业利益。这种类行业协会的组织团结起来对付雇主、切磋技艺、垄断市场也许才能算是事业走上正轨的体现吧，好像直至民国时期的苏州鲁班协会和近年成立的苏州市香山帮营造协会才又将匠人们聚合起来。与蒯祥皇家营造师的人生事业相比，后期的香山帮匠人的成就更多地体现在各自专攻的技艺上，那些同样流芳百世的私家园林的设计也就逐步让位于有见地的文人了，当然这就是另一个炼成的故事了。

风流与六如：唐寅

唐寅（1470年—1524年），字伯虎，字子畏，号六如居士、桃花庵主、鲁国唐生、逃禅仙吏等，苏州吴县（今江苏苏州）人，明朝著名画家、诗人。据说他于明宪宗成化六年庚寅年寅月寅日寅时生，故取名为寅。唐寅玩世不恭而又才华横溢，诗文擅名，与祝允明、文徵明、徐祯卿并称“江南四大才子（吴门四才子）”；画名更著，与沈周、文徵明、仇英并称“吴门四家”，又称为“明四家”。

周星驰的电影《唐伯虎点秋香》中有两个很经典的镜头：一是巩俐所扮演的秋香露出大虎牙的三笑，另一个就是以唐伯虎为首的江南四大才子走着猫步在桥上调戏过路女子。周星驰用他特有的无厘头诠释了有关风流才子的恶俗情节，当然“风流”两个字对于历史中的唐寅唐伯虎来说并不仅仅是“真才子自风流”那么简单，还应有一段迎风泪流的人生际遇作为标签的感叹。

江南四大才子这甚为光鲜的标签应该是钱谦益粘贴上去的，除了唐寅，其他三个人分别是徐祯卿、文徵明、祝允明，而且当初也不是江南四才子，只是吴中四才子，不过当时的吴中恰逢人文鼎盛之时，后期演变为江南四大才子时口气大一些也无可厚非。然而四人的经历却大相径庭，其他三人在仕途上多有斩获，唯有唐寅人生跌宕起伏，命运多舛，从晚年的唐寅自号"六如居士"亦可窥得一斑。"六如"当取自《金刚经》："一切有为法，如梦幻泡影，如露亦如电，应作如是观。"

简略地回顾唐寅的一生是必要的，仔细看来居然暗合"六如"之谶。出身商人家庭的唐寅十六岁秀才考试得第一名，轰动整个苏城，当然所谓商人也只是个小商贩而已，不过少年得志对唐寅的人生来说真是梦幻一般的开始。然而，欲将夺之，必先予之，正当二十四岁的唐寅踌躇满志之时，一年之中父母、儿子、妻子、妹妹却相继去世，家境迅速衰败，唐寅在《与文徵明书》中写道："不幸多故，哀乱相寻，父母妻子，蹑踵而没，丧车屡驾，黄口嗷嗷。"急转直下的家境使得唐寅好似噩梦连连。调整了数年后唐寅在二十八岁时赴南京参加乡试，"戊午试应天试，录为第一人"，第一名当为解元，唐解元之名因此而得，人生的又一个大泡泡被吹了起来，此时连中三元的梦想，想必已经熏熏然地出现在唐解元的梦中了，然而在第二年赴京会试时命运却又和他开了一个大玩笑，唐寅的人生因牵涉会试泄题之案就此转折。事情的真相并不复杂：会试主考官程敏政试题出得十分冷僻，其中有两张试卷不仅答题贴切且文辞优雅，程敏政高兴得脱口而出说这两张卷子定是唐寅和徐经的，这句话被在场人听见并传了出来。此时徐、唐两人在京师也算是名人，用现在的说法是比较高调，怎么高调法呢？就是富商之子徐经一路上带了几名戏子赴京赶考，到了北京后继续呼朋唤友吹拉弹唱，这与徽班进京相比可真是赶了个早。会试三场考试结束后便蜚语满城，盛传江阴富人徐经贿金预得试题，户科给事华昶便匆匆弹劾主考程敏政鬻题，经过近一年的调查，贿考之事并无定论，双方各打五十大板，举报的和被举报的统统撤职查办，唐寅蹲了一年大牢后被永贬为吏，梦想中的仕途也就化为泡影。

既然仕途无望，唐寅便效法先贤寄情于山水之间，他耗时九个月踏遍名山大川，不想家底毕竟不够殷实，家徒四壁之中妻子大吵大闹后离他而去，于是唐寅在吴趋坊巷口临街的一座小楼中，以丹青自娱，靠卖文鬻画为生。此时唐寅的命运就像露水一样朝不保夕。明正德九年（1514年）又貌似有了转机，唐寅被明宗室宁王以重金征聘到南昌，然而起初的欣喜若狂很快被巨大的恐惧所吞噬，他发现自己身陷宁王谋反的政治阴谋之中无法脱身，这次真的有点玄，好在他祭起了屡试不爽的必杀技——装疯卖傻。唐寅又回到苏州过苦日子了，宁王起兵反叛朝廷后被王守仁迅速平定，唐寅幸而逃脱了杀身之祸，照亮唐寅迷途般人生路的光亮也恰如闪电一样迅速湮灭了。

跌宕起伏的人生也许是唐寅取得杰出艺术成就的伴生品，我们无意去探讨其缘由和可能的变化，然而无疑在明代有关唐寅的艺术史上唐寅有着两个看点，一个是作为艺术家的唐寅，一个是作为艺术作品主角的唐伯虎。这两种角色在历代的文人身上都有着不同的表现，譬如同是吴中四才子之一的祝允明一面是精于诗文的书法大家，一面在苏州本地的通俗文学中扮演着惩恶扬善的智多星的角色；再远一点，譬如同是本朝才子的解缙也表现出文人官员和通俗文学中的神童这样两个角色，而后一个生活在口头文学中的角色扮演往往随着时间的推移表现出更加强大的生命力。对唐寅来说能将这样一个艺术的人生和人生的艺术紧密联结在一起的就是“风流”这两个字了。一方面作为艺术作品，唐伯虎的风流形象始终令人津津乐道并真正做到了家喻户晓，唐伯虎与秋香那段著名的三笑姻缘从长期流传于民间的口头文学到明代小说家王同轨先生的《耳谈》中叙述苏州才子陈元超与秋香因笑传情、因情结缘的爱情故事再到明朝末年小说家冯梦龙的《唐解元一笑姻缘》，一个最古老最简单的故事，由“一笑”发展到“三笑”，情节也更加复杂化，然而这个故事发展的脉络还是比较清晰和明了的。虽然故事的虚构性已经成为共识，甚至故事里华太师的所谓原型也已经找到出处——会试泄题案中的起事者华昶，然而故事的主角最后落在唐寅身上却也有其必然性，仕途之梦破灭后的唐寅曾写诗发誓：“我也不登天子船，我也不上长安眠。”但即使失去了家庭的资助，生活陷入了绝境，唐寅仍旧故意做出放荡风流的行为，常以妓院为家并赶走了自己的妻子。在应聘宁王朱宸濠后急欲脱身时，唐伯虎把他的狂放发挥到了极致，佯狂使酒，露其丑秽，歌哭无常，起居无节，甚而遇着王府中的妃嫔乘轿出入，便当道小遗，且高呼“骄（浇）其妻妾”，终于“风流”过了头化为狂妄从而惹怒了宁王并因被弃用而获得了释放，也许在这样的扮演过程中他已经分不清本色和演技，带着不羁的名士风流的唐寅终究了一个有故事的人，造就了一个在脑门上就贴着“风流”两个字的文学形象。

唐寅在艺术上的成就那是有目共睹的，他的画作和书法随着时间的推移也日渐升温，2013年6月唐寅的《松崖别业图》在北京拍得7130万元迄今为止的最高价。然而既然是风流才子，那“风流”二字也应当在艺术上有所体现，唐寅在这方面却是直接得有些令人难以启齿——他画春宫画。他的这类画作已无真迹流传于世，其大幅绢本的秘戏图至今已不复见，只是在古籍中留下几首清人题唐寅春宫画的诗作和后人临摹的一些画作。然而从后世一鳞半爪只言片语的描述中可以看出唐寅的春宫画比较繁杂，既有不着污秽描绘全身着衣的恋人的，也有直接表现裸体相交的男女的。一轴明春宫卷的卷首指明他画有一套“十荣”，即十种不同的性交姿势，但这些画并没有流传下来。创作春宫画一方面也许与他的生活情趣有很大关系，长期混迹于花街柳巷的唐寅其第三任妻子沈九娘就是个官妓，这些生活经历必定为他创作此类题材的画作提供了比较好的素材甚至是客户群体。而从客户群体这一方面来考察，对唐寅来说，想必这也是为生计所迫不得已而为之的职业行为。而从实际的生活经历和氛围来看，唐寅是吴中四才子中真正的职业画家，当然这对唐寅来说其实也算是悲剧，职业的另一层含义不就是糊口饭吃吗？家无恒产的唐寅就以卖画的润笔为主要收入来源，前述的《松崖别业图》是为名臣方良永所作，大概也就算是润笔之作。他的老师沈周晚年在扬州卖画时一幅美人图的标价为纹银20两，根据李开周先生估算，沈周这一幅画最多也就相当于现在的八千元，而这已经是以明朝最强盛时的购买力估算的理想状态了，大多数画家在大多数时候的大多数作品是卖不到这个价位的，所以唐寅写了首自嘲诗：“青山白发老痴顽，笔砚生涯苦食艰。湖上水田人不要，谁来买我画中山。”不买画中山，那就只能卖点画中人，想必这也是无奈的选择。

后世对唐寅春宫画的追捧到什么程度了呢？有书为证：《红楼梦》第二十六回中薛蟠笑道："你提画儿，我才想起来，昨儿我看人家一张春宫，画的着实好。上面还有许多的字，也没细看，只看落的款是'庚黄'画的，真真的好的了不得！"宝玉听说，心下猜疑道："古今字画也都见过些，那里有个'庚黄'？"想了半天，不觉笑将起来，命人取过笔来，在手心里写了两个字，又问薛蟠道："你看真了是'庚黄'？"薛蟠道："怎么看不真！"宝玉将手一撒，与他看道："别是这两字罢？其实与'庚黄'相去不远。"众人都看时，原来是"唐寅"两个字，都笑道："想必是这两字，大爷一时眼花了也未可知。"薛蟠只觉没意思，笑道："谁知他'糖银''果银'的。"

人都会老去死去，然而在贫病交加中离去的唐寅并没有被埋在春天里，用运气不好、用交友不慎、用看不透世情，都不足以解释这位六如居士的"风流"人生，那就用他自己的一枚印文来给属于这位苏州男人的风流作最后的阐述：

龙虎榜中名第一，

烟花队里醉千场。

一头扎在名人堆里：祝枝山

祝允明（1460年—1527年），字希哲，号枝山，因右手有六指，自号枝指生和枝山，又署枝山老樵、枝指山人等。长洲（今江苏苏州）人。他家学渊源，能诗文，工书法，特别是其狂草颇受世人赞誉，流传有“唐伯虎的画，祝枝山的字”之说。祝枝山所书写的“六体书诗赋卷”“草书杜甫诗卷”“古诗十九首”“草书唐人诗卷”及“草书诗翰卷”等都是传世墨迹中的精品。与唐寅、文徵明、徐祯卿并称为“吴中四才子”。由于与唐寅遭际与共、情性相投，民间流传着两人的种种趣事。

家学渊源有没有？有。

名师之徒有没有？有。

高朋满座有没有？有。

六个指头有没有？这个，也有。

和唐寅唐伯虎一样，祝允明也有两副面孔，一副是在宦海浮沉的大书法家祝允明，另一副就是活在民间文学中的祝枝山。“秀才也是才，棺材也是材，秀才睡在棺材里，两才并一材。”你相信这是祝允明对的对联吗？说是祝枝山对的还就真信了。

倪匡先生的著名武侠小说《六指琴魔》的灵感来自哪里我们不知道，祝允明字写得好是否与他有六个指头有关也不好说，但是他早年的苦学经历却是可以娓娓道来的。祝允明的早期教育应该是由其祖父和外祖父共同完成的，尤其是他的外祖父徐有贞那是非常有名。因为迎奉英宗复辟有功，徐有贞被委任为兵部尚书、华盖殿大学士并进封武功伯，徐有贞字写得好本人威望又高，退休返乡后苏州府学的碑刻和一些大户人家的墓志铭都由他书写。两三岁起祝允明就跟随徐有贞学习，到了五岁上下，他那个中了进士官至山西布政司右参政的爷爷祝颢也返回苏州开始教导祝允明。五岁的祝允明就能作一尺见方的大字，读书一目数行；九岁时已经能作诗，被称为“神童”；10岁已博览群书，文章瑰丽，才智非凡。启蒙教育由两位老人完成，祝允明当然也有自己正式的老师，这有名有姓的就有两个：一个是王鏊，乡试、会试都是第一，殿试第三，也就是俗称的探花，后来被封文渊阁大学士，也就是事实上的宰相之职；另一个老师是精于书法的李应祯，当时他是中书舍人，文徵明也是他的学生，当然祝允明比文徵明更进了一步——他成了李应祯的乘龙快婿。

所以祝允明很不快乐，是的，你没看错，他绝对不会快乐，祖辈的荣光和父辈的辉煌其实都已经成为他的负担，所谓“亚（压）历（力）山大”莫过于此了。自从三十一岁乡试中举后祝允明就原地踏步，七次进京赶考全都以失败告终，这出乎所有人包括他自己的意料，仕途的失意和打击对祝允明的后半生起了至关重要的作用，使他的心境、性格产生了巨大的变化。祝允明中年从孜孜不倦于科举考试到越来越心灰意冷，思想从积极入世的儒家观念渐渐地转向了老庄的消极出世，这一阶段他最密切的朋友正是有着同样人生际遇的唐寅唐伯虎，用后世的话说就是所谓的铁哥们。一起同过窗、一起扛过枪、一起嫖过娼、一起分过赃的人生“四大铁”中，两人属于一起嫖过娼，都是青楼常客，唐伯虎的春宫画正是这一时期生活经历的反映。而更有趣的是，别人拿钱来求字求画祝允明一概称病不出，了解情况的人便去贿赂与他常常往来的妓女，然后就得偿所愿了。这样病态的生活长久下来不但侵蚀身体，也侵蚀着他们的思想。唐寅后来自号六如居士，皈依佛门，而祝允明作品中多署枝山道人，归向老庄，而且他在《再挽子畏》悼念唐寅诗中有“少日同怀天下奇，中年出世也曾期”之句，可见两人同病相怜之态。这样的身心变化在他书法上的表现也就是渐渐转向行草书，所谓洒脱不羁。

年逾五十仍未被录用使得祝允明更加焦躁不安，精神上异常痛苦的他常常借酒消愁。五十五岁那年谒选，祝允明总算得了一官半职，任广东惠州府兴宁县知县，然而思想早已定型的他虽然兢兢业业工作上颇有起色，但与官场其实是格格不入的，还因拙于催科秋税被停给俸米。倒是他奉命编修兴宁县志，虽然是例行公事，但这篇县志序的手稿却由行书而行草，最后变成狂草，成为他传世中的珍品。六十三岁时祝允明调往南京任京兆应天府通判，后人因此称他为“祝京兆”，这时的他面对官场更加不堪忍受，终于下决心托病辞职，回故里苏州了度残年，这一时期他的草书已达化境，后来王世贞说“天下书法归吾吴，祝京兆允明为最”。

由于祝枝山和唐伯虎都是放荡不羁风趣洒脱之人，苏州的街头市井一直流传着大量的相关传说，足智多谋、能言善辩、乐于助人的形象经口口相传的口头文学最后形成了《唐伯虎点秋香》《王老虎抢亲》等脍炙人口的戏曲经典。相传一个钱姓财主请祝枝山写春联。祝枝山挥笔写下了这样一副对联：明日逢春好不晦气；来年倒运少有余财。

过往的人们看到这副对联，都这样念道：明日逢春，好不晦气；来年倒运，少有余财。钱财主听了气急败坏，知道祝枝山故意辱骂他，于是到县衙告状说祝枝山用对联辱骂良民，要求老爷为他做主处置，当然钱财主暗中给县老爷送了些金银财物，县令便派人传来祝枝山，质问道：“祝先生，你为何用对联辱骂钱老板？”

祝枝山笑着回答说：“大人差矣！我是读书人，无权无势，岂敢用对联骂人？学生写的全是吉庆之词嘛！”于是，拿出对联当场念给众人听：明日逢春好，不晦气；来年倒运少，有余财。县令和财主听后，目瞪口呆，无言对答。

是个人都想着超越前辈，人生不大如意的祝允明虽然没有前辈的仕途官身，一直生活在他们的阴影中，但在艺术成就上、在当时的通俗文学中也算是名垂青史了，作为一个男人他还有什么可遗憾的呢？

这个真没有。

德艺双馨的老艺术家：文徵明

文徵明（1470年—1559年），汉族，长洲（今江苏苏州）人。原名壁，或作璧，字徵明。四十二岁起以字行，更字征仲。因先世为衡山人，故号衡山居士，世称“文衡山”，明代画家、书法家、文学家。生于明宪宗成化六年，卒于明世宗嘉靖三十八年，年九十岁，曾官翰林待诏。诗宗白居易、苏轼，文受业于吴宽，学书于李应祯，学画于沈周。在诗文上，与祝允明、唐寅、徐祯卿并称“吴中四才子”。在画史上，与沈周、唐寅、仇英合称“吴门四家”。

作为普通人我们中的大多数将时间和精力花费在养家糊口的日常劳作中，而当今这个时代还有与以往极不相同的特征：男人并不像以往那样占据着绝对的统治地位，女人也承担了大量的社会工作，随着经济支配权的提升女性的社会地位也逐渐高升。既然男男女女都忙忙碌碌地活在现实中，那些风花雪月的艺术也就少有人关注了，所以苏州博物馆文徵明特展去捧场的大部分是走马观花的游客和几群吵吵闹闹的学生：

“那些叶子画得真细，得画多少时间啊！”

“这就是工笔画。”

我顿时心有戚戚焉，终究明白自己不过是五十步笑百步，身为门外汉也只是凑了个热闹而已。

不过苏州博物馆肯定是花了大力气，文徵明的这些真迹来自海内外二十一个文博机构，五百多年后的这次聚首必定会成为一段佳话，因为活到九十岁的文徵明对于苏州文化来说实在是个标志性人物，所以这次的苏州博物馆特展被命名为“衡山仰止”。

衡山当然就是文徵明，这个吴门画派的创始人物、明代中期最著名的画家有着自己独特的经历。童年时的文徵明并不聪明伶俐，七岁时才会走路，到了八九岁时说话还不利索，但他父亲认为他会大器晚成，从文徵明三岁起就带他四处游历，到了十一岁时文徵明终于会说话了，仿佛上帝开启了闸门，能日记数千言，又显得聪慧得不得了。不过接下来又出状况了，乡试时因字不佳被置于三等，这倒激发了文徵明刻意临摹精研书法的决心，每天要写一本《千字文》，直到成年以后他还一直保持着这个习惯，年纪小时还能用“刻苦”来形容一下，到后来这实在已经不能用“刻苦”两个字来形容了，难道天才都应该是“变态”的？然而他在科举道路上却很坎坷，从26岁到53岁，十次应举均以名落孙山而告终，直至54岁才受推荐以贡生进京成为翰林院待诏。到了北京他的工作就是编书，大概清高惯了又受不了官场习气，他和同僚基本就是形同陌路，在顺道免费看了一场嘉靖朝的大礼仪风波之后更是觉得官场没奔头，于是年年打辞职报告要走人，三年过后终于放舟南下回苏州定居了，接下来的文徵明就潜心于诗文书画，一步步走向了艺术的巅峰。文徵明的书画被称为文人画，造诣极为全面，人称是“四绝”的全才，诗、文、画无一不精，能青绿，亦能水墨，能工笔，亦能写意，山水、人物、花卉、兰竹等无一不工。书法上也是篆隶正行草皆擅，但以小楷造诣最高，继祝允明之后主盟吴门书派。

文徵明不像凡·高那样死后方声名渐隆，他在自己的那个时代就已经是流行天王了，在北京编书时也是因为求字画的人太多招致同僚的嫉恨而受到排挤，文坛大家王世贞说当时社会上流传的文徵明的字画真迹也就十分之二，可见其声名之隆。这种地位的获得其实既简单也不简单，简单的是他活了九十岁，在古代确实算得上高寿了，除了他在艺术上承上启下的杰出造诣，他的老师、他的朋友、他的弟子以及这些人物互相的交集也让他逐渐成为文人画的巅峰人物，所以活得长也是一种优势。不简单的是，这样一个艺术大家却德艺双馨固守着自己的原则，文徵明卖画“平生三不应”，不卖给藩王贵族、宦官与外国人。这三项基本原则是有实例为证的：唐王派人拿了几锭黄金求画，文徵明是人都不见信都不拆；千里迢迢漂洋过海的日本贡使人倒是见着了，茶也喝了，只是接下来就送客了事了，一片纸也没带走，弄得周边国家的使臣后来只能向文徵明家的房子拜一拜，见一面那是想也别想了。然而令人称奇的是文徵明对权贵像冬天般的寒冷，对普通人却是春天般的温暖，平常人等的索字求画他从不推辞，特别是街坊邻居拎点时鲜果蔬或自制糕点来求字求画他也表示没问题。你还怀疑什么？这不是德艺双馨什么才是德艺双馨呢？

在我们生活的时代，许多德艺双馨的艺术家最后晚节不保出了问题，或者自己做了什么丢人的事，或者子女的不肖让自己的一世英名毁于一旦。活到老画到老的老艺术家文徵明应该不属此列，因为对文徵明这位大师的德艺双馨当时就有人表示了不怎么认同，认为这个事情水很深，原因当然离不开他的字画：传闻说这里藏着猫腻，因为乞字求画者太多，文徵明经常让他的弟子代劳。如果你像我一样亲眼看到过他那精细无比的工笔山水、花鸟和小楷，你也会渐渐产生和我一样的想法：他来得及创作吗？当时有个小故事可以佐证一番。说的是一个南京商人出了大价钱向文徵明求一幅字，文徵明好久没有回应，南京人怒气冲冲地上门质问时走到了隔壁人家，文徵明出来后南京人认为他不是以前看到的文徵明，一定是假冒伪劣，文徵明问清楚情况后哈哈大笑，就立即写了一幅真迹给他，那个南京商人方才恍然大悟，原来隔壁的才是假的，但隔壁住的是谁呢？就是不告诉你。另有一种说法是针对文徵明的“平生三不应”的，文徵明对求索字画的权贵绝对是摇头说“NO”毫无商量余地的，然而如果你通过文老的亲朋好友，再弄点黄白之物，嘿嘿，你懂的。

不管怎样，衡山是必须要仰止的，晚年日渐潇洒自在的文徵明在人生的最后一天依旧笔耕不辍，在为御史严杰之母书写墓志时突然掷笔，就此骑鹤仙去。

这样的人生实在是没什么遗憾的了。

一天朗月浸沧浪：归有光

归有光（1506年—1571年），明代官员、散文家，古文家。字熙甫，又字开甫，别号震川，又号项脊生，世称“震川先生”。汉族，江苏昆山人。嘉靖十九年举人。会试落第八次，徙居嘉定安亭江上，读书谈道，学徒众多，60岁方成进士，历长兴知县、顺德通判、南京太仆寺丞，留掌内阁制敕房，与修《世宗实录》，卒于南京。归有光与唐顺之、王慎中均崇尚内容翔实、文字朴实的唐宋古文，并称为嘉靖三大家。由于归有光在散文创作方面的极深造诣，在当时被称为“今之欧阳修”，后人称赞其散文为“明文第一”，著有《震川集》《三吴水利录》等。

不考虑霍金理论物理的范畴，时间在目前阶段还是不可逆的，这就凸显出人在终其一生的角色扮演中智慧和才情的重要性了，通常在这个比较严肃的层面上去感慨“人生如戏”也就不会含着褒义了，因为无论这是自我评价或是对他人的评价都仿佛吃饱了遛鸟的闲人一副惫懒的模样，那我们就恰如其分地回到男人这个庄重的话题中去探讨一下因其社会的必然而自然袒露出男人心性的一些角色，譬如丈夫，譬如父亲，往往这才是值得体味的一个绝佳去处，因为这种本色无论英雄。而从此处出发的归有光会让我们在他不算长也不算短的人生岁月中去体会他自己的本色人生——一种弥漫在月下的清辉。

讲述归有光的家庭生活是很有必要的，尽管对他而言这实在是一种无奈：他总是不间断地扮演着丈夫、父亲的角色。悲剧的是身边的亲人们不断地离他而去，其中包括前后三任妻子、三个子女和一个从小就跟着他的妾（寒花）。这类事情其实是可以理解的，古代的医疗水平决定了能活下来的人不但身体而且内心也必定都是强大的。只是同样在世间不断发生的亲人过世，对归有光而言却是那么与众不同，因为他把这些情感都化成文字记述了下来，这些归于散文的文字结构精巧、描摹细腻、情感真挚，其中的《寒花葬志》《项脊轩志》《先妣事略》《亡儿（曾羽）孙圹志》《女二二圹志》《女如兰圹志》篇篇堪称精品。

女二二，生之年月，戊戌戊午，其日时又戊戌戊午，予以为奇。今年予在光福山中，二二不见予，辄常常呼予。一日，予自山中还，见长女能抱其妹，心甚喜。及予出门，二二尚跃入予怀中也。既到山数日，日将会晡，予方读《尚书》，举首忽见家奴在前，惊问曰："有事乎？"奴不即言，第言他事。徐却立曰："二二今日四鼓时已死矣。"盖生三百日而死，时为嘉靖己亥三月丁酉。予既归为棺敛，以某月日，瘗于城武公之墓。

这当然就是《女二二圹志》全篇了，这种以父亲的视角对小女儿生活状态的细致描摹在当时是非常罕见的，这种关注人的情感的小散文因为背负了生命消散的无奈而略显悲哀，仿佛圆月之下的风景，明亮但清冷，真挚却内敛。正是因为这类表达方式他被后人所熟识并被认为是明代第一散文家，这许是一家之言，然而从他对当时文风的看法上可以看出这样的言辞也并不算离谱。自明代永乐以后，先有为文雍容华贵号称“台阁体”的 “三杨”（杨士奇、杨荣、杨溥），后有以李梦阳、何景明为首的“前七子”起来反对“台阁体”，而他们主张“文必秦汉，诗必盛唐”，到了嘉靖年间，李攀龙、王世贞等“后七子”又继“前七子”而起，推波助澜，变本加厉，摹古之风愈演愈烈，归有光贬斥说：“盖今世之所谓文者，难言矣。未始为古人之学，而苟得一二妄庸人为之巨子，争附和之，以抵排前人……至于宋元诸名家，其力足以追数千载之上而与之颉颃，而世直以蚍蜉撼之，可悲也。”

文如其人，这种隐含人性光辉的通透也恰如其分地表现在归有光的性格上，一方面他也并不是两耳不闻窗外事的书呆子，而是不在其位却谋其政，他考察三江古迹写了《三吴水利录》，后来海瑞以右金都御史巡抚应天十府，在兴修水利主持疏通吴淞江时，许多方面均采用了他的建议；嘉靖三十三年倭寇作乱，归有光入城筹守御，又作《御倭议》。以上这些都是利国利民的善举。另一方面，在其位亦谋其政，归有光本人在科举道路上其实只能算是个失败者，三十五岁中举后就停步不前，人至花甲始成进士，晚年入仕长兴知县时廉洁刚正，不阿意奉承，后来从长兴知县迁顺德通判，然而这种明升实贬的别人看不上眼的小官他也仅仅抱怨了两句就投入工作，修了一部完备的《马政志》，最后因病死在北京，那时他正负责纂修《世宗实录》。

婢，魏孺人媵也。嘉靖丁酉五月四日死，葬虚丘。事我而不卒，命也夫！

婢初媵时，年十岁，垂双鬟，曳深绿布裳。一日，天寒，火煮荸荠熟，婢削之盈瓯；余入自外，取食之；婢持去，不与。魏孺人笑之。

孺人每令婢倚几旁饭，即饭，目眶冉冉动。孺人又指予以为笑。

回思是时，奄忽便已十年。吁！可悲也已！

这是归有光名篇《寒花葬志》全文。数百年之后，一部《浮生六记》风靡大江南北，同是苏州男人描画自己女人的文字，不难看出作者沈复的文风深受归有光的影响：那种缠绵的清苦醇厚如月色，清晰明朗却又沁人心脾。

一天朗月浸沧浪，就是这种感觉。

泰斗级“妓”录者：冯梦龙

冯梦龙（1574年—1646年），明代文学家、戏曲家。字犹龙，又字子犹，号龙子犹、墨憨斋主人、顾曲散人、吴下词奴、姑苏词奴、前周柱史等。汉族，南直隶苏州府长洲县（今江苏苏州）人，出身士大夫家庭。兄梦桂，善画。弟梦熊，太学生，曾从冯梦龙治《春秋》，有诗传世。他们兄弟三人并称“吴下三冯”。

冯梦龙的作品比较强调感情和行为，最有名的作品为《喻世明言》（又名《古今小说》）、《警世通言》和《醒世恒言》，合称“三言”。“三言”与明代凌濛初的《初刻拍案惊奇》《二刻拍案惊奇》合称“三言两拍”，是中国白话短篇小说的经典代表。冯梦龙以其对小说、戏曲、民歌、笑话等通俗文学的创作、搜集、整理、编辑，为中国文学做出了独异的贡献。

洗漱已毕，用过早饭，冯梦龙自是回家去也。

是的，昨日晚间他歇息在侯慧卿的屋子里，侯慧卿是他喜欢的一个女人，一个色艺双全的妓女。冯梦龙喜欢过的妓女很多，有名有姓的还有冯喜生、琵琶女阿园、旧院董四，当然不止这些，应该还要加上“等等”两个字。回到家中，冯梦龙先写了些字，也就是昨日听来的一些市井故事的概要，有衙门新断的案子，有街坊吵闹打斗的由头，当然还有其他妓女从恩客那儿听来的传奇。这个方才写罢冯梦龙又赶紧取出《孟子》和一大摞古人对《孟子》的评注研读起来，说起这个来冯梦龙自己倒也颇有些自负，年轻时的光阴都花在遍览群书上，虽说屡试不第至今还未中举，但廿年苦读端的是大有用处的。前些日子写的《论语指月》就反响不错，定位于学习参考的这本书大卖特卖，这是要火的节奏啊，所以《孟子指月》也要尽快完成，当然作为系列教参丛书，冯梦龙打算最后要集结成一部《四书指月》。

午时已过，用过饭冯梦龙又出门了，没办法，阊门外有个昆曲班子在茶馆要上部《占花魁》，这出戏虽说不是冯梦龙写的，但也花了他不少时间进行更订，旧瓶新酒的《占花魁》让那个昆曲班子心里也没个底儿，排练后正式出演还要冯梦龙现场指导一下。这一弄就是一个下午。

晚上还要去侯慧卿那儿。这么想着，喝了点小酒的冯梦龙迈着有点飘忽的腿停了下来，他要辨一辨方向。

这应该就是冯梦龙度过的普通一天，即使不是，也离此不远了。

作为明末清初一个屡试不第的苏州文人，冯梦龙到五十七岁时才被恩补为贡生，这好似副举人的功名也就只能让他到达寿宁县知县这个位置了，四年后这样的芝麻绿豆小官他也不做了，告老还乡的时候他已经六十二岁了，但这不妨碍他成为泰斗，成为那个时代最杰出的通俗文学作家。冯梦龙之于苏州并不是孤立的存在，明清时期苏州有名有姓的文学家如过江之鲫，数量当仁不让排名全国第一，像元末明初的施耐庵就是苏州人，他的《水浒传》就是在苏州阊门外施家桥构思成型并创作完成的，而最有说服力的就是天下第一奇书《金瓶梅》与苏州的不解之缘。《金瓶梅》的作者兰陵笑笑生到底是谁几百年来争论不休，但最有可能上榜排名第一的就是太仓王世贞，冯梦龙凭借在通俗文学领域的杰出贡献也位列此榜成为可能的作者，虽然排名比较靠后。《金瓶梅》现存的万历本应该就是初刻本，这与冯梦龙关系极大，即使不是他写的，最后修订或写定的也应该是他。胡小伟先生在他的文章《冯梦龙与〈金瓶梅〉成书》一文中有很有趣的论述：一方面冯梦龙一直从事通俗文学的收集整理工作，在这个版本刊刻前后他正在编辑补著几种同是以北宋为背景的长短篇白话通俗小说，因此有能力和兴趣在手抄本《金瓶梅》的基础上进行此类再创作；另一方面，冯梦龙在《古今笑序》中有一笑而富贵假、一笑而功名假、一笑而道德亦假、一笑而子孙眷属亦假、一笑而山河大地亦假之言，而冯梦龙曾自述过有古兰陵之旅，记述的缘由是他在当地驿站看到了一首会稽女子的墙上题诗，很多文人和了她的诗，那堵墙后来大概成为文化墙了，这样看来，“兰陵笑笑生”不就呼之欲出了？

那个时代出类拔萃的人不少，但能被称为泰斗者当属凤毛麟角，冯梦龙无疑是其中之一，这源于他的著作等身。他的作品涵盖小说（三言）、戏曲、民歌、笔记小品、诗歌，甚至还有大受学子欢迎的应举教参，总数超过五十种。假如给他颁发诺贝尔文学奖，“三言”系列应当是获奖的主要成绩，这套系列丛书得到了极高的评价，我们也要郑重其事地结合历史背景谈谈这部书成书的历史必然性。在冯梦龙生活的年代西方正经历着伟大的文艺复兴，古老的东方特别是苏州也正发生着资本主义萌芽，这一时期中国也出现了许多新思想新学说，冯梦龙本人就是李卓吾的忠实信徒，在小说创作上受这个带有鲜明的叛逆色彩和反传统精神的激进派影响很深，李卓吾提倡个性解放与思想自由及人类平等、反对封建礼教的主张在冯梦龙的通俗文学中有着淋漓尽致的发挥。他的市井小说离不开小人物，离不开勾栏之处的弱势群体，冯梦龙在此处流连忘返之时充满同情地描述着她们的苦难、迷茫、挣扎和向往。非常有趣的是，这位记录者把客观的视角和自己主观的经历和谐地统一在了一个人、一个女人的身上。

侯慧卿，就是这个女人。

他们之间的故事其实并不复杂，都说侯慧卿色艺双全，时间久了两个人产生了感情，然而无情的现实是作为妓女的侯慧卿从良的代价过于高昂，在秀才冯梦龙大概还做着春秋大梦时，一切就都戛然而止——侯慧卿从良了，她的良人是位富商。

这段感情中被寄予爱情厚望的红尘女子如此绝情，曾经的嫖客却是千古难得的痴情子，痛彻心肺的冯梦龙总共为此写了三十首诗。没有横加指责，只有自怨自艾，也许侯慧卿有不得已而且被冯梦龙所理解的苦衷，从此以后歌颂忠贞的爱情成了他所编著的小说永恒的主题，而且愈到后来精神愈是升华了——自诩为“情教”教主的冯梦龙发誓从此再也不踏足青楼。

试看古往今来，该有情的却无情，该无义的倒有义，几百年后再向此处看去，冯氏梦龙端的是痴情种子，爱情泰斗。正是：

诗狂就癖总休论，病里时时昼掩门。

最是一生凄绝处，鸳鸯冢上欲断魂。

人生责任错位的叹息：金圣叹

金采（1608年—1661年），明亡后改名人瑞，字圣叹，别号鲲鹏散士。一说本姓张，名喟，享年五十三岁（虚五十四岁）。明末清初苏州吴县（今江苏苏州）人，著名的文学家、文学批评家。金圣叹的主要成就在于文学批评，对《水浒传》《西厢记》《左传》等书都有评点。

“天下兴亡，匹夫有责”是与金圣叹同时代的苏州人顾炎武提出的一句名言，作为明末清初的文人提出这样的主张似乎总有另有所指的意味。当然顾炎武所说的天下之事是大义、是人的责任，有点“一屋不扫何以扫天下”、从我做起的意思，只是“责任”虽然只是笔画不多的两个字，写出来容易真正做起来却难。

遗憾的是，在这一点上金圣叹总是没做到位，甚至可以不客气地说有些错位了。

年少轻狂这是许多才子的通病，不过到了金圣叹这儿也许真的有些重病缠身的意味了。按今天的说法金圣叹就是天资聪颖的小孩，虽然很早就去了学堂，但因为年幼多病经常待在家里，这就给他阅读杂书创造了有利条件，佛经、史书、《水浒传》《西厢记》这类小说一个都没放过，让他日后名满天下的《水浒传》评点便是他十二岁时就废寝忘食开始的浩大工程。估计时间一长性格中自负的一面逐渐显露了出来，起先他还规规矩矩地参加科举考试，年方十五就以第一名中了秀才，然而到了十八岁后金圣叹每每参加科举考试总要做出些出格的举动，要么把乡野俚词写进诗文，要么在卷子后面写小说讽刺考官。野史中说有一年考题是“西子来矣”，题意是要考生对西施出使吴国的史实给予评论，其他人都在苦思冥想之际，金圣叹大笔一挥就开始答道：“开东城，西子不来，开南城，西子不来，开北城，西子不来！开西城，则西子来矣！西子来矣。”当时的主考官也很有幽默感，在卷上批道：“秀才去矣！秀才去矣！”考官没有食言，立马取消了他的秀才资格。这时金圣叹大概已经彻底沦为“问题青年”了，再接再厉的他又刻了一个“六等秀才”的印章，逢人就盖。在常人看来这样毫无责任感的行为如何来解读呢？如果从好的方面去评论，无疑都认可这是他对日渐露出弊端的科举制度无声却高调的反抗，只是这件事上他又是首鼠两端，因为他终究还是有退路的。出身本就不平凡的金圣叹家境良好，舅舅就是后来著名的投降派钱谦益，对于这样的家庭来说，给他擦擦屁股还不是易如反掌的事？于是没过多久他顶替一个叫金人瑞老兄的名字又考了一回第一，重新回到了秀才队伍中。当然，绝意进仕是当时江南文人的普遍选择，只是金圣叹烙烧饼这样翻来覆去有些特立独行罢了。

大明王朝此时已经奄奄一息了，父母相继离世让两中秀才的金圣叹家境也是每况愈下，估计一介书生的金圣叹也没什么经济头脑，此时已然成家的他也负担起为人夫为人父的责任，不得不去做些立业的营生：开私塾和批书。这也算是发挥专长了。不过大家也许犯了嘀咕，又有谁敢把家里的小孩送到这个痛恨科举制度的怪人手里呢？说来金圣叹十岁才入私塾，有些晚，但种种迹象表明此前在家里已经受到了启蒙教育，所以他一入私塾就学习四书五经，两次第一的名头证实虽然他对科举持反对态度但他本人的八股文造诣还是很深的，绝对提倡白话文的胡适先生就说金圣叹是用八股文的文法去评点《水浒传》，可见金圣叹本人是反科举不反八股的。金圣叹最大的文学成就当然就是金批六才子书了，贯华堂金批《水浒传》和金批《西厢记》成为清代至民国初三百年间唯一流传的权威版本，其他版本都湮没不彰成为古籍了，这也创造了版本史上的奇迹。所谓贯华堂其实就是金圣叹自己的居所，这个版本的流行既是读者自然选择的结果，也是书商适应读书市场的自觉选择。没过多久，另一个特大利好消息从京中传来，顺治皇帝看了金圣叹的批才子书，对他有“此是古文高手，莫以时文眼光看他”等语。有人分析说被金圣叹腰斩为七十回的《水浒传》非常符合清朝统治者的胃口，因为这前七十回大谈当政者的昏庸无耻，让清军入关有了师出之名。虽然金批《水浒传》书是在清兵入关前三年完成的，但这一点都不耽误金圣叹此刻激动不已地向北叩首，他还一口气写了八首诗表达自己的感激涕零，期望着自己的才能能进一步得到新统治者的赏识，此时的金圣叹早已磨光了一身的桀骜不驯，绝意进仕和些微的反清情绪早就无影无踪地消逝了，家庭责任和人生抱负也许在此时在“顺民”这个词上已经合二为一了。

只是有时候人生真是不可捉摸的，已经下定决心做顺民的金圣叹却因为一个不合时宜的举动招来了灭顶之灾。那么在著名的“哭庙”案中金圣叹到底扮演了什么角色呢？哭庙案初始应该是一场反贪游行，当时有证据表明吴县县令任维初贪污粮食，金圣叹起草了文件，也就是所谓的《哭庙文》，也许他落笔时的状态属于盛情难却，因为他本人并没有参加后来的“哭庙”活动，然而这一切举动的时机选择只能说是书生意气了：顺治帝正好驾崩，国丧期间不去哭皇帝灵却到孔庙去啼哭一番。任维初在为自己的贪腐辩解之时把苏州知府朱国治牵涉进来，正想着怎么脱身的朱知府敏锐地意识到这是一个绝好的时机，他立即将哭庙的组织者抓了起来并有意往政治事件上去导引。坐镇北京的鳌拜没有让朱国治失望，当然鳌拜有着更高的政治考量——为了震慑还恋着旧江山的江南文人。这起事件后来有了扩大化的倾向，金圣叹本人是在“哭庙”发生两个多月后被捕的，传说审讯时他高呼先帝却被掌嘴二十下，曾经赏识他的顺治确确实实地成了先帝，不会也不可能爬起来救他了。金圣叹的传奇事迹到此远没结束，有关他在狱中、在刑场上的诸多传闻不绝于耳。狱中的金圣叹指着狱卒给的饭菜说：“花生米与豆干同嚼，大有核桃之滋味。得此一技传矣，死而无憾也！”刑场上刀起头落后从金圣叹耳朵里滚出两个纸团，刽子手疑惑地打开一看：一个是“好”字，另一个是“疼”字。然而生活绝不是用“幽默”两个字就能诠释的，金圣叹的罪名过于沉重，这样的责任他自己也不可能完全承担，所以他的家人也没被放过，除了家产籍没，他的妻子和唯一的儿子金雍被流放宁古塔，这个地方就是今天的黑龙江省宁安市。结果可想而知，金圣叹的老妻死在那里，儿子去时正值壮年，回来时已是两鬓斑白年近花甲的老人，金圣叹的两个女儿一个已出嫁逃过此劫，另一个七岁能诗也算是吴中才女的金法筵（当时十岁）按例也在流放之列，好在金圣叹的好友沈世琳立即将她收婴为自己独子的童养媳而留在了苏州，也算是尽了本不该自己承担的责任。

三百多年过去了，金圣叹在中国文坛的地位也是起起落落，从明清之际的横空出世到新文化运动中被批驳甚至被鲁迅先生完全否定，在沉沦了近百年之后反思之风又起，金圣叹的文化价值又被提了出来。联想到曾国藩这个曾经的大反派如今也大红大紫，你就不会觉得奇怪了，只是后来的这种种变幻已经与金圣叹本人无关了，也许只能归咎于历史。

历史又能如何呢？最后也就化作了那一声长长的叹息。

人生的真实VS真实的人生：钱谦益

钱谦益（1582年—1664年），字受之，号牧斋，晚号蒙叟，东涧老人。学者称虞山先生，清初诗坛的盟主之一。苏州府常熟县鹿苑奚浦（今张家港市塘桥镇鹿苑奚浦）人。明史说他“至启、祯时，准北宋之矩矱”。明万历三十八年（1610年）一甲三名进士。他是东林党的领袖之一，官至礼部侍郎，因与温体仁争权失败而被革职。在明末他作为东林党首领，已颇具影响。马士英、阮大铖在南京拥立福王，钱谦益依附之，为礼部尚书。后降清，仍为礼部侍郎，沦为贰臣。

跳还是不跳？这是个问题。

生死之际，这个问题对所有与其面对之人都是莫大的考验，屈原怀石投江之际那种决绝的心意是何等悲壮的郁愤，禅宗祖师达摩跳下黄河一苇渡江那是何等洒脱的传奇，对此，佛学造诣很深的钱谦益回答说：“水太冷，不能下。”

你几乎会认为这是禅宗充满机趣的回答，如果边上没有一个女人的话。不过千万也不要以为有了女人那就是殉情，其实他们是想殉国，因为这个时候正值南明风雨飘摇之际。

数日之后，明朝礼部尚书钱谦益与众人一道为清军首领多铎打开了南京城门，那时正是公元1645年5月。

接下来的事就顺理成章了，多铎要大家剃头，明朝的遗老遗少们嘴里都嚷嚷着要反对，钱谦益说了一句“头皮很痒”就出去了，人们都以为他是梳头去了，回来的时候他已经剃了发编了辫子了，“两朝领袖”钱谦益就这样被任命为清朝的礼部侍郎。

这就是真实的钱谦益，那个万历年间苏州的探花郎，那个东林党的领袖，那个诗文斐然的才子。自中进士踏上仕途到明亡的三十五年间，钱谦益三起三落，全部任职时间加起来也就五六年，不过这倒也没能削弱他在明末士林中的影响力，这一方面得益于他实至名归的才子名头，另一方面与阉党之间的斗争更让他声名鹊起，而且他也符合那个时代的特点：东林党的领袖并不一定要在朝中拥有多么高的官位。然而钱谦益始终是个实用主义者，投降满清只不过是他处世哲学的延续而已。在更早的崇祯元年应诏北上出任礼部右侍郎三个月后，谋求更高官位的钱谦益陷于党争，尚书温体仁贿赂常熟人张汉儒攻讦钱谦益贪肆不法，钱却求救于司礼太监曹化淳，最后张汉儒被杖毙，钱谦益也没好果子吃，又一次削籍归乡，这也被算作他的人生污点之一。实用主义在性格方面的表现就是首鼠两端，钱谦益自居“清流”，但屡次陷入政治漩涡都由热衷功名而起；一面降清求全，一面在晚年不得志的情况下参与反清活动，大概因为这个缘由乾隆皇帝将他列入“贰臣传”。

站在钱谦益边上的女人当然是柳如是，至于钱谦益的原配和其他侍妾又有谁知道或关心过她们的名字呢？钱谦益和柳如是是有名的老少配，两人结合时一个五十九岁一个二十三岁。传闻为了提高柳如是在家中的地位，钱谦益安排了一只彩船邀请朋友参加迎娶仪式，不过这基本上是无稽之谈，因为讨妾毕竟不是娶妻，而且据当时的“路边社”报道有人往船上扔了不少石头，具体是出于嫉妒还是警告也就不得而知了。柳如是年幼时做过豪门宠妾，后被大妇逐出成为妓女，但类似柳如是的这类江南女子本就天资明慧。她善吟咏，工书画，与吴越党社胜流交游时又虚心向学，男女之情师友之谊兼而有之，更确切的描述应该是类似如今名流的红颜知己一类的角色。历来拿也算是夫妻的两个人作比较得出的结论是：钱谦益大节不保，晚节尚可；柳如是大节不亏，小节难留。从对明朝灭亡的态度上可以看出两人截然不同的气节，柳如是从鼓动沉水殉国到支持反清复明无不显露出其独特的人格魅力。当然这样的政治分歧也影响到了两个人的夫妻关系，在钱谦益到北京赴任清礼部侍郎之职期间，对他失望至极的柳如是与其年轻时的情人陈子龙（最后成为反清复明的烈士）又旧情复燃发生关系。这样的奸情被钱谦益的儿子发现后报官，不料钱谦益反而将家里人臭骂了一顿，可见这对夫妇的关系到后期已是复杂之极，不能用常人的眼光予以检视。后来钱谦益因为支持江阴人黄毓琪起兵反清，事发入狱，柳如是冒死从行，并历尽千辛万苦将其营救出狱，钱谦益对柳如是感激不已，甚至对其去妾称妻也就可以理解了。

性格复杂的钱谦益治学上却是另一番大家风景，不提他的文学成就，学问渊博，泛览子、史、文籍与佛藏的钱谦益年轻时即喜古书善本，花费两万金收购“脉望馆”所藏之书后又购得“厞载阁”“悬磬室”“七桧山房”等知名藏书家的藏书，其中唐写本、宋元本、珍稀本有万余卷，到了晚年建成著名的绛云楼，“大江以南，藏书之富无过于钱”。藏书所费甚巨，以至于钱谦益去世前在病榻上还在担忧自己的丧葬费用，将黄宗羲堵在自家房中逼其代笔三篇筹得一千两银子的润笔费方才安心。文学上他提倡以“情真”“情至”反对模拟，以学问反对空疏，这种文学实践的效果转变了明文学的衰微格局，振作了明末清初的文风；而他诗作往往写成排律，也就是庞大的组诗，文辞十分优美，冠绝明清两代。

“桃叶春流亡国恨，槐花秋踏故宫烟。”这也可以算是钱谦益的人生绝笔了。

颠沛流离中了悟因果缘：顾炎武

顾炎武（1613年—1682年），汉族，明朝南直隶苏州府昆山（今江苏省昆山市）人，著名思想家、史学家、语言学家，与黄宗羲、王夫之并称为明末清初三大儒。本名绛，字忠清；南都败后，因为仰慕文天祥学生王炎午的为人，所以改名炎武，字宁人，亦自署蒋山佣，学者尊为亭林先生。顾炎武是明季诸生，青年时发愤为经世致用之学，并参加昆山抗清义军，败后漫游南北，曾十谒明陵，晚岁卒于曲沃。学问渊博，于国家典制、郡邑掌故、天文仪象、河漕、兵农及经史百家、音韵训诂之学，都有研究。晚年治经重考证，开清代朴学风气。其学以博学于文、行己有耻为主，合学与行、治学与经世为一。诗多伤时感事之作。

顾炎武是嗣子，不满周岁便过继给去世的堂伯继承香火了，他的亲生母亲何氏总共生下了五个儿子四个女儿。当然，对尚在襁褓中的顾炎武来说，当时的他甚至分辨不出从昆山千墩镇（今昆山千灯镇）顾家南宅迁到北宅有什么区别。

区别当然是很大的，首先，他新的家是相当富有的，而他后来的人生际遇与此有莫大干系。其次，他的嗣母王氏不是个简单人物，这个出身名门的官家小姐还没坐上花轿丈夫就因病去世了，在完全可以另嫁之时她却毅然选择了到顾家守寡，双方的家长当时都持反对意见，因为当时王家小姐还是个年方十七岁的妙龄少女。执意嫁入顾家只能说明她是个执着的女人，更令人吃惊的是，到了顾家她的段位又有惊人的提升。有一次婆婆生病她居然剁了自己一节手指放到药锅里当了药引子，这个情节就只能用“彪悍”这个词来形容了。在王氏二十八岁时，顾炎武成为她的嗣子，那时她白天织布，晚上还要读书到二更天，天天如此。这个彪悍的母亲人生最后的举动就是在清军攻占昆山后绝食十几天殉了国，当时她的年纪也就六十岁。

成名成家是天下父母对孩子正常的期望，从这个角度说，顾炎武那是卓尔不群了，著名思想家、史学家、语言学家，还有人说他是地理学家，　个人　辈了成　个“家”都不容易，那顾炎武靠什么成了这么多“家”呢？他一辈子都在东奔西走，一辈子都在看书写书，所谓读万卷书不如行万里路在顾炎武这儿变成了可以兼顾的两样事情，在旅途中他会安排两匹马三头骡子运着他的书，说实话，没有一定的经济实力是做不到这样移动式办公的。那顾炎武不做富家翁跑来跑去干什么呢？避祸，其实这是和他的富有大有关系的无奈之举，因为他的堂弟顾维要谋夺他的家产。顾维认为顾炎武是过继而来的，在爷爷去世分家产时理应少分，于是采用了不少下三滥的手段，连放火焚烧顾炎武家的事都做出来了。顾炎武不得已把八百亩上好水田以半价典给了乡绅叶方恒，然而这个叶方恒签了协议不给钱，顾炎武先后要了一百余次，时间长达两年多，叶才给了六成银子，那些上好水田其实相当于是以三折超低价卖掉的。孤儿寡母被人欺负只好离开故土搬到常熟，这是家仇。前半辈子作为明朝秀才的顾炎武，他的生活就是读书、交朋友（归庄）、加入组织（复社）、和身边小人斗法，而在科举上其实是屡试不第，岁试经常性地只考到三等，连考举人的资格也拿不到。话说按他嗣母王氏那样的性格，这样的事情怎么会发生呢？真实的缘由就是：顾炎武其实是个残疾人，有一只眼睛早就瞎掉了，那是三岁时得天花的后遗症。天花是那个时代一种可怕的疾病，患者非死即残，那时做帅哥是个危险的事，说明这个人还没得过天花，还有性命之虞，清朝历代皇位传承的一个不传之密就是要得过天花的皇子才有资格候选皇储，不然整个国家都将在提心吊胆之中。而这种今天几乎绝迹的疾病导致的一个明显后果就是成年男子脸上大都有麻坑，皇帝也不例外，当然顾炎武也不能例外。总之，在明末清初那个时代人的性命是脆弱的，除了疾病就是没完没了的战争，清军入关后一路南下的国恨也成为顾炎武颠沛流离的另一大原因。

说起来有点不可思议，似乎冥冥中有那么一丝参不透的因果，顾炎武原名叫顾绛，字忠清，这在明朝应该是很普通的一个名字，但到了清王朝，这类名字实在与顾炎武从事的事业大唱反调，于是顾炎武这个后世如雷贯耳的名字就应运而生了。顾炎武一直想着要恢复大明的江山，为此他做了诸多工作，集结诗社，跑腿联络，营救同党，甚至为准备出任南明的兵部司务一口气写下了《军制论》《形势论》《田功论》和《钱法论》，只是人刚到南京没几天清军就破城了。随后苏州被占领，昆山组织了抵抗，但损失也最大，被杀了四万人，顾炎武的三弟四弟都死于此役，母亲何氏也被斩掉一只胳膊，当然更别提他那个绝食而死的嗣母王氏了。嗣母王氏应该是对顾炎武影响最大的一个人，这样强势和有主见的女人在古代确实不多见，所以从实际来看，顾炎武的性格反而朝着与她相反的方向发展，显露出懦弱怕事的一面来：一方面昆山的家破人亡没有激起他的斗志，他后来颠沛流离的主要地点是山东等北方之地，那里并不是反清复明的政治前沿，而后更在于南方流亡时政权邀请他出山之际借故推辞了，“亡国”“亡天下”的区别未尝不是他的自我解释；另一方面他居然原谅了他的死敌和仇人。前述霸占了他八百亩水田的叶方恒又出幺蛾子了，当时随田地一起转让的还有顾家原来的奴仆，其中一个叫陆恩的拿到了当年顾炎武写给南明政权的一封信，想必是准备敲诈一番。后来叶方恒和陆恩又想以顾炎武“通海”之罪报官，通海其实就是反清复明的代名词，这是要顾炎武命的罪名，这让顾炎武很害怕，于是干脆带了一帮亲友把陆恩沉了湖。叶方恒便纠集陆恩的女婿囚禁了顾炎武逼迫他自杀，归庄等人过来营救后报官，顾炎武被判了个“杀无罪奴”，不过这还是要坐牢的节奏。于是顾家动用关系又把官司移到了松江府，最终以“杀有罪奴”吃了三个月官司渡过了这个难关。对这个结果叶方恒不干了，他派人在南京街头刺杀顾炎武，击打顾的头部让顾从驴背上跌落，顾炎武几乎丧命。这种要夺财害命的行为已经不是一般的合同纠纷邻里矛盾了，但十几年后顾炎武与叶方恒又有了书信往来，仿佛两人之间从没发生过什么不愉快的事情，缘由大概还与叶方恒的哥哥、在京为官的叶方蔼推荐顾炎武参与编撰《明史》有关。虽然顾炎武一口回绝了此事，因为他的嗣母王氏临终遗言不许他在异朝为官，但这样多一事不如少一事的考虑想必也是性格使然。这件历史公案中还有个有趣的故事，归庄在想方设法营救顾炎武时求到了钱谦益头上，钱谦益答应帮忙但提了一个条件，就是让顾炎武认他为师他就好说话了，归庄一口答应并代顾炎武写下了门生帖，没想到顾炎武对这个投降派不感冒也不愿意，一心想索回门生帖，但钱谦益不给，顾炎武就派人满大街贴大字报说自己从来没有拜钱谦益为老师，弄得钱老非常尴尬。

老是在这样的事情上折腾让顾炎武逐渐远离家乡成为异乡客，他去过苏州的洞庭山、南京的钟山，后来又去陕西、山西、山东、北京，然而即使这样，依旧惹上了一场更大的官司，周可真编著的《顾炎武年谱》对此事有详细说明。当时山东章丘的一个大地主谢长吉为了做一笔生意，曾向顾炎武借了一大笔钱，以十顷地作为抵押，但他的生意做砸了，没有钱还顾炎武，于是动起了歪脑筋。当时有一个叫姜元衡的正罗织《忠节录》掀起文字狱要搞倒顾炎武的朋友黄坦，姜在书里提了一句“晚与宁人游”，宁人正是顾炎武另一个常用的字号，谢长吉认为这是一个赖账的好机会，如果把顾炎武置于死地，他欠顾炎武的钱也就用不着还了，抵押给顾炎武的地也就可以拿回来了，于是他和姜元衡勾结起来，竭力撺掇姜元衡把顾炎武给牵扯进去。济南府果真下发了捉拿顾炎武的通告，顾炎武当时在北京，赶紧和亲友们商量了以下对策：《忠节录》是《启祯集》中的一小部分，在此之前的有关《启祯集》旧案已被审结确定为冤案，可以确定这也是诬告；“晚与宁人游”并没有说是顾宁人，因此不能确定是顾炎武；当然，另外也安排了走后门打通关节这个不二法门。做完这些事情之后，顾炎武就主动到济南投案去了，最后的结果当然是有备无患，在付出蹲七个月大牢的代价后顾炎武被释放，那十顷地好歹也回到了顾炎武手里。别小看这十顷地，那也是一笔巨资啊，明清时的十顷田地相当于如今的33.33公顷，也就是33.33万平方米，在昆山老家一直吃瘪的顾炎武怎会有巨资借贷给别人而取得如此多的田地呢？答案依旧是顾炎武颠沛流离的远足，昆山之难后他很长时间都避居南京，原因是堂兄顾维死了之后，顾维的儿子为霸占遗产继续骚扰顾炎武家，又烧了一回顾炎武家的房子，于是接下来一段时间顾炎武用假名蒋山佣行走于江湖，蒋山就是今天的钟山、紫金山，而他的职业就是商贾，既然伪作商贾，撑门面的生意那是一定要做的，经营布匹和药材是蒋山佣的主业，实际上他应该赚了不少钱，不然怎么承担老家三十几口人的生活费用和自己在外生活、交通、交友、印刻书籍的花费呢？当时还有人记述说顾炎武长得极丑怪，每到一地就买房产买女婢，过一两年就弃之不顾，这倒符合复社中对归庄顾炎武“归奇顾怪”的评述，而章太炎认为顾炎武参与过山西票号生意，甚至还放过高利贷，也许与谢长吉的纠葛其实就是高利贷产生的。

顾炎武毕竟是幸运的，虽然不断地沾染祸事，但每每逢凶化吉，这一方面与其趋利避害的本能逃避大有关系，另一方面与他的亲族逐渐兴盛也不无联系。顾炎武有三个了不得的亲外甥，也就是他胞姐的三个儿子，老大徐乾学是康熙九年探花，老二徐秉义是康熙十二年探花，老三徐元文年纪最小出道却最早，是顺治十六年状元，后来这三兄弟都做到了尚书甚至是大学士之类的高官。正是这样一幕幕的活报剧让顾炎武成为一个走四方的独特文人，这种接触社会真实、体会发展脉络以及与其他有识之士的交流切磋使他的思想体系日趋成熟，经历过亡国的心理煎熬（从反清复明到非暴力不合作）、经历过同族同乡长期的恩怨情仇（也许这是天下兴亡中道德沦丧的源头）的顾炎武终于成为一代宗师，他提出的“天下兴亡，匹夫有责”至今还有着极其重要的现实意义。也许从这个角度上去体会，放下怨念、原谅迫害自己的仇人正是顾炎武从我做起的人生了悟。

顾炎武的妻子王氏（嗣母王氏的侄女）不曾生养，两个亲生儿子（妾生）都没长大成人，吴江顾氏的一个族子顾衍生被他选为嗣子继承了他的香火。

这是因果吗？也许这仅仅就是巧合。

荣华富贵馅饼来：王永宁

王永宁（？—1672年），字长安，山西太原人，吴三桂婿。曾为拙政园主人，清康熙年间收藏家。

说起才子佳人这类为世人所津津乐道的人生喜剧，王永宁可以说已经到极致了，虽然如果严格地考究一番，王永宁算不算得上一个才子还真不好说，但他毕竟在苏州这个江南人文荟萃之地浸染多年而且一直与本地上层知识分子过往甚密，所以才子一说应该也不算勉强。

与所有的传奇一样，王永宁的梦幻开局来源于一次街头偶遇，不过偶遇的却不是佳人，而是个算命先生。这个算命先生见到王永宁就说“君富贵立至矣”，对王永宁来说算命先生如果来一句“君骨骼清奇矣”倒是很应景，因为王爸爸是个行伍出身的将领，不幸的是早就阵前殒命了。相依为命对孤儿寡母已属不易，此时已至而立之年依旧生活困顿的王永宁连老婆都娶不到，估计也就把这场偶遇当笑话一样讲给亲戚听，岂料知道他们家情况的老者倒是说出一桩往事来：王永宁有老婆。原来王父从军时与另一个将官关系十分融洽，古代两个男人相好的标志除了歃血为盟结为兄弟大概就是指腹为婚了。这两个朋友也没跑出俗套，王爸爸的朋友就写了一张婚书给王爸爸。问题是不久之后王爸爸在与满清作战中阵亡了，想来王妈妈徐老夫人也不会是个识字的人，颠沛流离中那婚书也就压在箱底成了忘却的记忆了。

王永宁是跑回家还是走回家的不得而知，反正翻箱倒柜找那张纸的时候说不定王妈妈还要埋怨两句，不过皇天不负有心人，最终那张纸婚书还是被他翻到了，上面老丈人的名字赫然在目：吴三桂。

历史没有记载吴三桂的那个女儿此前有没有结过婚，想来王永宁三十多岁了，他婚书上的老婆年纪也不会轻，早就拖儿带女也属正常，但对破落户王永宁来说那就是根救命的稻草，当时已是平西王的吴三桂即使不能把女儿嫁给他，给他点补偿也足以能够让他生出冒险的念头来了。没有片刻耽搁，王永宁立马前往云南走上了寻妻之路，有人记述他这一路是求乞而去，而事实是这一去真是荣华富贵梦中来。

到了平西王府外面，王永宁毫不意外地被挡在门外，写了拜帖想要见吴三桂，没想到门子要俩小钱，王永宁当然不给，于是这个拜帖过了三天才到了吴三桂的案头，传说吴三桂看了后“沉吟良久”，说了句“有这回事”。于是，王永宁就变成王额驸了。在一般的才子佳人故事中被佳人看中的才子总要经过个人奋斗，不说中个状元、榜眼、探花啥的，起码也得中个进士当个七品县令之类的父母官，而王额驸这一过程统统省略，直接就是三品顶戴。然后就是婚礼，然后就回苏州，然后买地三千亩，然后买了处大宅，就是大家对它都不陌生的拙政园。

在王永宁忙碌的这几个月时间里，他连吴三桂的面都没见到一次，这个说法来自《履园丛话》，作者就是考证出女人从南唐时开始裹足的钱泳。是不是很奇怪，丈人女婿居然近在咫尺却不曾谋面，这是什么节奏？因为没有史料给予小心求证，我们只能做个大胆的猜测来给这个故事加点作料：与王永宁婚配的女子并非婚书中吴三桂的那个女儿。前述王永宁早已过而立之年，想来吴三桂的女儿年纪也不会小，早已嫁为人妇或已然夭折都有可能，这两种情况下吴三桂见一面说明情况给点经济补偿实属正常，当然吴三桂也绝不会有胃口把其他尚未婚配的女儿再嫁给王永宁，所以最有可能的是吴三桂另一个已经寡居的女儿顶替了这个名额，因为如果是婚书中的那个女儿寡居，吴三桂更要出面说明情况了。

这样看来，吴三桂还是个有情有义的人，虽然有点愧对死去的弟兄不愿面对便宜女婿，但一场富贵也足以安两代人的心了。对王永宁来说，与吴三桂哪个女儿结婚不重要，重要的是现在他是顶着额驸头衔的平西王吴三桂的女婿。回到苏州的王额驸已然不可同日而语，鲜衣怒马那是当然的，附庸风雅也是必不可少的，所以除了富家翁的身份之外，王永宁倒是迅速找到了适合自己的定位——文物收藏家。不过从实际看，这个定位有点醉翁之意不在酒的诡异，从康熙初年开始王永宁不惜重金广收书画，眼光不高的他看中了就买，著名的真迹不少，赝品也不少，有人记述他看到王永宁收购的一幅“名画”后就调侃说：“所谓宋版之大明律，今始见之。”帮王永宁参谋定夺的一个叫陈定的古董商数年间暴富也从另一方面说明了问题。那王永宁乐此不疲的原因何在呢？这就要从当时江南一带的人文情况来分析了。清军人关后必定要清洗前朝的政治经济文化势力，经过战争的摧残原先显赫一时的江南望族都是苟延残喘自身难保，经济日渐拮据的他们贱卖些祖上的宝贝让王永宁认为有利可图。从人的角度分析其实更有可看性，日渐式微的江南高门得不到庇护，连那些原先高门看不上眼的小官小吏也经常使个绊敲个诈什么的，而清朝对江南一带的统治是由早先投降清朝的汉人组成的辽东集团来实现的，这些人与江南原先的士林大族毫无瓜葛，打压起他们来毫不手软，所以士林望族也需要有个沟通渠道，通过收购文物与江南文人有诸多瓜葛的贵戚王永宁正是不二人选，一时间趋之若鹜，风头无两。

公元1672年，也就是康熙十一年，王永宁突然离世，后世不多的记载中有提到他是惧而先死的。惧什么呢？这样说来，王永宁的江南富家翁生活特别是康熙初年开始高调与江南士林的交往想必也不会那么单纯。后面的历史十分清晰明了，吴三桂的叛乱被平定后，他也就随之灰飞烟灭了。

王永宁字长安，他也被一些书写作王永康，这都是些寓意上佳的字，然而所谓良辰美景奈何天，梦中得来的荣华富贵也就这么随梦而去，只是这样的才子佳人故事，这样一个草根直上云霄或者用时髦表述就是屌丝大逆袭的故事，能简单到可以用梦来评述吗？

天上掉馅饼的时候，只有0.1秒的时间，接还是不接？恐怕只能由本能来做决定了。

“格调派”帝师：沈德潜

沈德潜（1673年—1769年），字确士，号归愚，长洲（今江苏苏州）人，清代诗人。乾隆元年（1736年）荐举博学鸿词科，乾隆四年（1739年）成进士，曾任内阁学士兼礼部侍郎。为叶燮门人，论诗主格调，提倡温柔敦厚之诗教。其诗多歌功颂德之作，但少数篇章对民间疾苦亦有所反映。著有《沈归愚诗文全集》。又选有《古诗源》《唐诗别裁》《明诗别裁》《清诗别裁》等，流传颇广。

说沈德潜是老秀才真是太恰当不过了，自从二十二岁录为庠生也就是秀才后，四十多年间他连考十七次，总算在六十六岁时中了举人，名次还不低，全省第二。次年赴京参加会试，中进士，钦点庶吉士，不过这后来的荣耀大概要归功于他的字起得好，沈德潜，字确士，的确是进士，想不中都难啊，虽然年纪大了点。

“一生事业晚来隆”应该是算命先生的经典台词，沈德潜完全体现了这句判词的精髓。中了进士后沈德潜的官路只能用火箭升空来形容，七十四岁时被任命为礼部侍郎，七十七岁时成内阁学士，七十八岁就挂名尚书了。所谓朝中无人莫做官，沈德潜火箭式上升的关键的确是朝中有人，不过这个朝中人别人都比不了，他是上朝时唯一可以坐着的那个人——皇帝清高宗。说清高宗你还一时不明白他是谁，说乾隆你就什么都明白了。乾隆帝特别爱写诗，又快又多，据说一生写了一万多首诗，那质量可想而知。狮子林里的真趣亭就是个经典的段子，这个故事说的是乾隆南巡到狮子林看到个亭子挺美就题了三个字“真有趣”，这实在老土不咋的，边上的导游、状元黄喜连忙说：我家穷，那个“有”字就赐给我吧。乾隆帝也就借坡下驴留下了“真趣”两个字的墨宝，总算雅了不少。沈德潜干的是同样的事，就是帮乾隆改诗，后来他也写不出什么精品了，剩下的都是拍乾隆的马屁诗。

乾隆并不是才知道沈德潜的大名的，在他还未登基做皇上的时候就已经知道江南有个沈德潜。沈德潜写诗师从叶燮，年轻时就有小名气，当时的诗坛泰斗王士禛夸他“横山门下尚有诗人”，中年后沈德潜分别在南园和阳澄湖组织过城南诗社和北郭诗社。在理论上他强调音律的重要性，主张“不能竟越三唐之格”，所以被称为格调派。爱写诗的乾隆给予这位御用“责任编辑”诸多称号，真所谓隆恩浩荡，赐了许多东西不说，退休前钦点他任会试总裁，这架势就是让他做后世宗师，而沈德潜退休后乾隆两次南巡都让他全程陪同，称他为“江南大诗翁”“朕之老诗友”，当然真实目的是让沈德潜随时随地修改自己的一篇篇诗作。而沈德潜将自己的诗结集成《归愚集》时，乾隆帝还亲自作序，尤其当沈德潜九十七岁高龄去世之后，乾隆追授他太子太傅。

高寿、高官、高名，沈德潜身前身后事似乎一切都很完美，然而在沈德潜死后的第九年，一切都发生了逆转。江苏东台发生徐述夔诗案，举人徐述夔所著《一柱楼集》中有“明朝期振翮，一举去清都”的词句，这被认为是悖逆朝廷，引起了一场文字狱，沈德潜因生前在书中为徐写传称赞他而受株连。乾隆大怒之下，亲笔降旨追夺沈德潜阶衔、罢祠、削封、仆碑，沈的墓都几乎被铲平了，可谓一夜回到解放前。其实徐述夔早就死去了，沈德潜也死了九年了，乾隆帝和两个死人较什么劲呢！退一步说即使诗集作者罪该万死，已经死去的沈德潜也大可不必让乾隆如此愤怒。有人说出事的原因是沈德潜编了一部《国朝诗别裁》，当然是盛世之颂歌，《别裁》将钱谦益列为集中之首，乾隆最恨没有保持名节的钱谦益，称他为奸臣，沈德潜政治觉悟不高犯了方向性错误，然而这件事也早就发生了，在沈德潜去世之前乾隆第四次南巡时还提了他的工资等级达到正一品俸，沈家陪同南巡的孙子还被“赐举人”，所以事应不关此。不过再仔细分析一下，沈德潜到底还是因此而死的。乾隆鄙视钱谦益，他想到既然《国朝诗别裁》中有钱谦益的诗，虽说已经删除了，但保不齐沈德潜家中还有钱的著作，于是派人密令沈德潜交出大毒草，不料胆小的沈德潜早就销毁了，派去的人当然不信，搜了一通见确实没有才撤走，九十七岁的沈德潜经不起这样的惊吓才过世的，不过从他死后乾隆对他的追封来看，似乎事亦不关此。

真正的原因还是出在乾隆身上，只是这个实在说不出口，因为这是一场关乎名声的公案，也是虚荣心无处盛放的悲剧。在沈德潜看来，给皇帝改文章那是难得的荣耀，当时不敢说却不愿意死后被人遗忘，因此在自己的遗稿中还是留下了表明自家荣耀的明确痕迹，碰到仔细点的人一瞧，嘿，这句不是在皇上的那啥啥诗中见过吗？你说这事叫乾隆爷情何以堪啊！名和利一样都不放过，沈德潜过分低估了帝王心术，这也许和他火速升迁却对官场潜规则缺乏领悟有极大的关系，他终究也不会明白：他的那点儿虚荣心又怎敌得过天下雄主的虚荣心呢？

虽然被封为太子太傅，沈德潜终究还是个老秀才。

“异地高考”的帝国状元：毕沅

毕沅（1730年—1797年），清代官员、学者。字纕蘅，亦字秋帆，因从沈德潜学于灵岩山，自号灵岩山人，镇洋（今江苏太仓）人。乾隆二十五年（1760年）进士，廷试第一，状元及第，授翰林院编修。乾隆五十年（1785年）累官至河南巡抚，第二年擢湖广总督。嘉庆元年（1796年）赏轻车都尉世袭。病逝后，获赠太子太保、赐祭葬。死后二年，因案牵连，被抄家，革世职。经史小学金石地理之学，毕沅无所不通，续司马光书，成《续资治通鉴》，又有《传经表》《经典辨正》《灵岩山人诗文集》等。

毕沅一辈子生活在才女堆中，父亲一直卧病在床的他是由母亲张藻一手带大的，张藻和自己母亲顾英也就是毕沅的外婆都是那时有名的才女，尤其是张藻还位列“西泠十子”之一，当然，这个应该是女榜。袁枚对毕沅的母亲张藻评价非常高，有人更认为她是清代排名第一的女诗人，而毕沅的妹妹毕汾、如夫人张绚霄、周月尊和女儿毕慧也都是当时有名的女诗人，入选随园女弟子之列。

如果放在今天，毕沅的家庭应该能被评上五好家庭，原因是家里的才女都是难得的好女人，虽然毕家物质财富不丰裕。母亲张藻一家更是只能用穷困来形容，外婆顾英是当铺的常客，当然不是去淘便宜货，而是把簪子甚至是衣物拿出来换点儿钱财弄饭吃，由于全家只有一床棉被，雪夜甚至只能三代人挤在一起。当然，这样的家庭也并非一无是处，便利的一面就是毕沅的启蒙教育不必再另寻老师，就由父母亲一手包办了。他六岁起跟随父亲学《诗经》，然而随着从小身体病弱的父亲病情加重，《毛诗》和《离骚》的讲解就由张藻负责了，毕沅到了十岁便通晓声韵，善作诗文。随着毕沅年纪渐长，张藻就让毕沅拜沈德潜和经学大师惠栋为师，那时沈德潜已致仕回乡到苏州木渎的山塘街上开馆授徒，而他的住所几经转手成了后来的严家花园，学馆几百米开外正是有名的灵岩山。

毕沅是什么时候通过童试当了秀才的不得而知，在跟随以经学著称的惠栋学习了两年之后毕沅又问学于沈德潜的砚山书堂，以沈德潜的擅长来说应该偏向诗文，但想必惠栋和砚山书堂不会是为冲刺秀才这个基本功名而设的，此前的两年也就是乾隆十三年毕沅十八岁时他已经经历了结婚和父丧两件人生大事，而他的婚礼无疑也是有着“冲喜”的成分在内的。根据推断，也许正是在这一年他中了秀才的功名，这一年对他来说真是悲喜交加的一年。在毕沅二十一岁时对他寄予厚望的祖父也去世了，家中男性长辈的纷纷离世使得毕沅的母亲张藻成为实际的家长，她做出了一个对整个家族未来最重要的决定：让毕沅北上京师游学。

“父母在，不远游”，这是古训，而本来家中并不宽裕的张藻让毕沅北上游学是有一定考虑的，张藻的舅舅张凤孙当时客居在保定的莲池书院，那时莲池书院刚刚创建了十几年，第一任院长就是张凤孙的堂兄张叙，除了这层亲戚关系，二十二岁的毕沅来到此地应该有更大所图：参加顺天乡试。如果把选拔举人的乡试看做一次高考，那么三年一次的清朝高考会在全国十六个考点进行，地点基本是各省省会，保定是直隶省的首府，直隶省乡试本应放置在此，但因地处京畿，二者合二为一就是顺天府乡试。这样，顺天府乡试的参加人员就是直隶、顺天的生员和国子监学生，然而现实情况是南北方教育水平非常不平衡，南方尤其是苏州地区在清朝时所谓的人文荟萃已经到达了一个巅峰状态：清朝总共一百一十四名文状元，江苏省占其四十九名，而苏州就有二十八名。会试结果如此，也就不难理解乡试的巨大差别：江浙一带的录取比例是145∶1，而顺天府是20∶1。真要拜师学艺，人文鼎盛的苏州当然是上上之选，所以另辟蹊径正是江浙一带学子所谓游学京畿的主要目的，参加顺天府乡试的外地人日渐增多，导致后来的顺天乡试增加了一个“审音”的环节，就是听听你会不会说北京话，不会的话，对不起，请早回老家吧。

不管怎样，毕沅是在乾隆十八年也就是二十三岁时中了举人，而且是在顺天府乡试中。然而参加顺天府乡试的好处远不止此，毕沅本人诗文俱佳，他还有强大的外援，不说莲池书院的名头以及亲戚的提携，沈德潜曾经就是乾隆帝的御用文人兼私人教师，所以没过两年，毕沅以举人的身份直接补授内阁中书入了军机处当秘书去了，清朝的中枢大佬们显然对他青睐有加，所以毕沅的传奇依旧在延续。乾隆二十五年的会试中毕沅榜上有名，在参加殿试的前一夜，与他有同样经历的诸重光、童凤三当值军机处，两个人觉得应该回寓所准备考试，就对毕沅说他俩书法好有望夺魁，于是让毕沅一个人值班。当然通过了会试参加殿试那都是时代的精英了，水平差距不大，而且这个考试一向注重实务，但来自全国各地的精英们都是些寒窗二十载的书生，想必纸上谈兵的居多，所以殿试确有偏重书法的现象，甚至还有看皇帝好恶以貌取人的事例发生。毕沅想想确实如此也就答应了。这样的值班应该是真正的公务时间，恰好陕甘总督黄廷桂关于新疆屯田事宜的奏折下转军机处，毕沅就将这篇奏折仔细研读了一番。不过第二天的殿试题目一揭晓，毕沅的大牙都要笑掉了：策问新疆屯田事宜。结果不言而喻，诸重光中了榜眼，童凤三二甲第六名，也就是全国第九，状元一甲头名被毕沅侥幸获取了。毕沅母亲张藻年轻时曾有《咏梅》诗："出身首荷东皇赐，点额亲添帝女装。"这句七言后来由于毕沅中了状元而名气大增，当时的文人们所赞赏的不只是诗句本身，他们津津乐道的其实是其中透露出来的一丝天机：诗谶之语。

也许侥幸正是天机的一种独特表达，从此之后毕沅在宦海浮浮沉沉，不过基本上都是一品顶戴的地方大员，是陕西巡抚、河南巡抚、湖广总督这类位置的常客。在此期间毕沅是精神与物质文明双丰收，治学上毕沅一生最得意的是完成了《续资治通鉴》。或许是小时候家境不好，毕沅成为帝国中坚后也捞了不少银子。有一次他犯了错，乾隆让他上报处理结论，结果他自己罚银五万两充作军饷。单是在家乡苏州他就有两处园林，灵岩山南一处耗资四十万两白银，苏州市内另有后称蒋园的豪宅，而这恰恰成为他死后的污点。一种说法是他任职的地区白莲教兴起，而此时已是晚年的高宗皇帝乾隆好大喜功，深谙此道的毕沅一方面对剿灭不力瞒而不报，另一方面却大肆滥用军需。嘉庆上位时正值湖广地区烽烟四起，毕沅因弹压不力被解职。巧的是皇帝的书面通知还没到，毕沅又打了胜仗，马上又官复原职了。不过年岁已大的毕沅终究还是在军营中去世了，从手脚麻木的病程描述看中风的可能性很大。嘉庆四年正月，刚结束乾隆国殇的嘉庆等不及了，半个月后就发生了著名的查抄和珅事件（前文已述，和珅家产八亿两白银的说法是不可取的野史），接下来嘉庆发扬“宜将剩勇追穷寇”的精神把毕沅也列入目标抄了家没收了财产，好在此时的毕沅已经入土为安了，这些也就成为身后事了。

毕沅的“异地高考”和后来的仕途表现无不显露出一种审时度势的聪明，对男人来说这种聪明与智慧还是有些差别的，不过这个也就只能意会不可言传了。

六元状元的考霸人生：钱棨

钱棨（1734年—1799年），字振威，号湘舲，长洲（今江苏苏州）人，他也是中国历史上两个“六首状元”（即县考、府考、院考、乡试、会试、殿试均为第一名）之一（另一个人是明朝的黄观）。

一说起苏州这个历史文化名城，人杰地灵、人文荟萃是两个必须要提的词语。什么叫人文荟萃、人杰地灵？废话不说，上人文GDP指标——状元榜。中国历代有文状元五百五十一人，其中苏州籍的共四十五名，当然历史上苏州的管辖范围多有变化，如果算上像上海嘉定、宝山、崇明（雍正年间划走）等这些以往的辖区，这个数字就是五十四名，几近全国总数的十分之一。大家都是状元，还可以往下比，比名气的大小，有一般的状元，也有乡试、会试、殿试都是第一即连中三元的状元，这样的状元历史上总共有十五个人。通常来说乡试出举人，是省级考试；会试出贡士，是国家级考试；殿试出进士，皇帝亲自批卷子决定名次。殿试钦定一甲第一名、第二名、第三名就是俗称的状元、榜眼、探花。

状元已经是读书人这个大金字塔顶端的存在了，不过历史上还有两个人站在这个金字塔的塔尖上，这就是连中六元的极品状元黄观和钱棨。所谓连中六元就是除了上述的连中三元外，还中过小三元，像钱棨就是在二十八岁时以县、府、院试三个第一考上秀才。通俗地说他连中六元的过程是这样的：长洲知县主持的县一级考试得第一获秀才称号，苏州府知府主持的地市级考试得第一，由江苏省提督学政主持、在苏州举行的考试得第一，江苏省在南京举办的考试得第一获举人称号，参加北京国考得第一获贡士称号，最后在紫禁城保和殿的殿试中由乾隆皇帝钦点为第一名状元获进士称号。

难不难？太难了。所以乾隆帝特别写诗祝贺钱棨，其中有“国朝经百载，春榜得三元”的诗句，苏州文庙附近有三元坊这样的地名来纪念当年的这桩文化盛事。

当了状元有驸马可做吗？这是喜好才子佳人的老百姓们一直热衷的话题，陈世美不就为了当驸马想杀掉秦香莲吗？其实，这个难度比中状元还大，因为这些读书人夺得状元称号时普遍年龄都在三十出点头了，在古代这样的年纪一般孩子都好几个了，历史上只有唐代状元郑颢赏了万寿公主，还是唐宣宗半道截获的：郑颢本来已经和卢氏女子订有婚约，只是还未举行婚礼，被唐宣宗威逼利诱抢了先。郑颢婚后生活也不幸福，他拿皇帝老丈人没辙，就对当时把话说得天花乱坠的媒人白敏中恨得要死，逮着空就弹劾他，唐宣宗只好两头和稀泥。

光环萦身的钱棨走了一条正常的后状元之路，按惯例授翰林院修撰，后来充任顺天府乡试同考官，也就是说他监考过的学子都得尊称他一声座师。第二年他回京任上书房行走，侍教皇子。但不久就陷入政治漩涡，当时权倾朝野的和珅想收服钱棨，但被钱棨断然拒绝，和珅于是在乾隆面前诋毁钱棨，说他老是缺勤旷工，不好好教皇子。龙颜大怒后钱棨被革职留任。后来他又被派去广东出任乡试副主考官。到乾隆六十年，升中允、侍读，充日讲起居注官，也就是担任负责记录皇帝所有言行的文字秘书。和珅倒台后，钱棨被嘉庆帝任命为历官内阁学士兼礼部侍郎，这也是个名义上的高官，钱棨并没有真正进入核心权力层，因为满族的贵族们才是真正的统治者。其实历代的状元包括苏州的状元鲜有在政治上有大成就者，这和他们的仕途经历有关系：考试好的都留京了，而且一般从事文字方面的工作，地方工作经验不足是他们的软肋，和钱棨一样，如果到地方上也就是担任主考官一类的临时工作，因为正常年代的考试都是三年一届的。当然，留京也有留京的好处，主要就是混一脸熟，明代的苏州状元中就有干得不错的，申时行被张居正看中视为接班人，张居正丁忧回老家时就把他拖到内阁任三号宰相帮自己看班；明世宗喜欢方术，经常要办祭祀仪式，仪式中要写骈休文“青词”，苏州状元顾鼎成正是此道高手，也进入内阁成为宰相，因而另有别名“青词宰相”。

钱棨没那么好的运气，他最后死在云南巡考官的任上，当时他正按试云南澂江、临安等府。声名鹊起于考试，也终于考试，这倒是个完整的人生，而按现在的说法钱棨不但是学霸而且还是个地道的考霸。

落榜书生的国际传播人生：王韬

王韬（1828年—1897年），生于苏州府长洲县甫里镇（今苏州市吴中区甪直镇），初名王利宾，字兰瀛。十八岁时县考第一，改名为王瀚，字懒今，又字紫诠、兰卿，号仲弢、天南遁叟、甫里逸民、淞北逸民、欧西富公、弢园老民、蘅华馆主、玉鲍生、尊闻阁王，外号"长毛状元"。他是中国近代著名思想家，我国新闻史上第一位报刊政论家，近代报刊思想的奠基人。

王韬1828年生于清代苏州府长洲县甫里镇（今苏州甪直镇）。其父王昌桂是儒生，以授徒自给自足。王韬从小受到传统的儒家教育，九岁开始跟随父亲毕读群经，旁涉诸史，就像当时那些读书人一样，科举之途应是他的人间大道。1844年，十六岁的王韬便参加了第一次县试，虽未能成功，但据他的自述，考官"见余文，击节叹赏；以余在幼童列，文颇不凡也"。一年后，他再次应试，因为"文有奇气"而"以第一人县学"，考得秀才，少年的王韬应该说是前途不可限量了。但是，又一年后他在金陵参加乡试却失败了。

王韬自述道："十九岁试京兆，一击不中，遂薄功名而弗事。于是杜门息影，屏弃帖括，肆力于经史，思欲上抉圣贤之精微，下悉古今之繁变，期以读书十年，然后出而用世。"这好像是说他自此就不再寄希望于功名科举了。的确，这次乡试失败给王韬以沉重的打击，他回家后"悒悒不能自解者数日"，得了一场大病，还像洪秀全一样在病梦中"遍历幻境"。二十岁那年，王韬赴上海探望在墨海书馆工作的父亲，西洋气息浓厚的上海在他眼前展现了一个新奇的世界。不久父亲去世，他接受英国人麦都思的聘请到这家基督教伦敦会办的墨海书馆从事著译工作。1856年和1859年在书馆工作期间，王韬又两次参加科举考试，结果还是名落孙山。而他的"期以读书十年，然后出而用世"的强烈抱负，促使他终其一生地给当权者上书论政，其间还包括给太平天国苏福省长官刘肇钧上书，由此导致清廷对他的通缉，最后流亡香港。

尽管在传统的用世抱负上屡遭挫败，王韬的才华却在国际传播的人生之路上大放异彩。在上海墨海书馆工作的十三年间，《圣经·旧约》《圣经·新约》等基督教书籍以及《西国天学源流》《格致新学提要》等西方科学书籍的中文版在他和麦都思的合译下陆续问世，获得了传教士和英国总教会的高度评价，并将他所参与翻译的《圣经·新约》中译本认定为全球的代表译本。在墨海书馆打下坚实的翻译技能基础，又为他流亡香港后进入英华书院协助雅各布主持中文经典的英译工程创造了条件。其所参与翻译的《诗经》《易经》《尚书》《礼记》《春秋》《竹书纪年》《论语》《大学》《中庸》《孟子》等英文译著，至今仍是西方人解读中国传统文化的经典之作。可以说，在国际文化交流史上，介绍西方文化到中国，王韬功不可没；而使中华文化典籍得以传入西方，王韬更是立得头功。立足口岸上海和香港这些特殊的政治地理环境，王韬得以亲身感受和放眼世界，为加强中西文化交流、为近代中国的改良进步做出了重要贡献。在海外流亡期间，王韬自1867年冬起用三年时间，游历英国、法国和瑞士等近十个欧洲国家，并曾两次在牛津大学宣讲中国传统文化，大受欢迎，成为登上牛津大学讲台的第一位中国学者。

从欧洲返回香港后，王韬于1872年创办香港中华商务总局，1885年在上海又创办弢园书局，这两家书局是他本人和朋友集资创办的，是中国最早的现代意义上的本土出版社。他经手先后编辑出版的图书达60余种，其中，他自己的两本著作具有很高的学术研究价值。一本是1870年所著《普法战纪》14卷。该书出版后，立即被日本学术界翻译出版，并被视为又一本《海国图志》。另一本是1883年王韬所著《弢园文学外编》，全书12卷20万字，收录了王韬与朋友黄平甫发表在其于香港创办的第一份传播资产阶级改良思想的大型日报《循环日报》上的政论，其中不少篇章被国内其他报刊广泛转载。这些政论针砭时弊，抨击清政府的腐败无能，提出政治与社会改良建议，使人耳目一新。其所提倡的向西方学习、走变法之路的观点堪称中国近代史第一，影响了严复、康有为、梁启超、孙中山等一大批近代名人志士。

此外，有学者指出，由于亲身体验了西方社会的诸多方面，王韬展开了全球性思考，并逐渐超越中国传统的“天下”视野而形成了新的“全球”视野。在王韬眼里，“天下”已不再是中国古人所知的狭隘的“天下”，而是包括了中国“天下”和中国以外的地球上各民族国家在内的全世界。因此，王韬提出了“地球合一”的观念，这在当时的情境下有着鲜明的现实意义：中国的现代性进程绝不是孤独的事业，而是全球化工程。因为全世界都将是推动这一事业的能动力量。也就是说，在全球相互交往的情境中，世界各国的现代性事业都可能是彼此互利的，即他国的现代性成果将助我成功，其现代性经验和教训能为我所用。他的这一观点直至21世纪的今日仍然历久弥新，比西方传播学大师马歇尔·麦克卢汉提出的“地球村”概念早了近百年。

王韬能从一介落榜书生走向国际文化传播的讲台享誉海内外，并且一生著作等身，致力于办报办刊，成为中国新闻传播事业的开创者，这是其命运的相反相成，才运的先抑后扬，世运的激荡变迁，使命的不惑力行所共同铸就的。正如他在晚年的回忆录中所说：“天之所以厄之者，殆将有以成之欤！嗟乎！此岂逆料所及哉！”

人道主义救援第一人：谢家福

谢家福（1847年—1897年），字绥之，一字锐止，号望炊，晚又号锐庵。其故居位于如今苏州市姑苏区的桃花坞大街西端，初为明代沈均的“废园”，清初归谢家所有，谢家福在此筑“望炊楼”。他是传统教育之下的读书人，后来又到上海学习外文；作为布衣，他发起了为灾民“义赈”的善举；在西风东渐的大潮之下，他为中国电报和通信事业的创办做出了巨大贡献；晚年又参与家乡史志的编撰，著作有《五亩园小志》《桃坞名胜记》等书，成为集革新派、慈善家、文人三位于一体的苏州名士。

谢家福不仅是苏州电报事业的奠基人、园林文化事业的保护者，更是晚清人道主义赈灾救援的先行者。他的父亲谢元庆是悬壶济世的名医，以救人贫病为使命，所以谢家福从小耳濡目染，深受影响。他又饱读诗书，浸淫于儒家思想文明，以兼济天下为人生追求。

清光绪元年（1875年），中国部分地区遭遇史无前例的灾荒，席卷山东、山西、河南、河北、安徽等地。饿殍遍野，人尚相食，因灾死亡人数保守估计达1000万人之多，受灾地区经济民生及自然环境均濒临毁灭边缘，这就是被称作千古奇灾的“丁戊奇荒”。

据苏州博物馆有关史料载，在这场灾难中，以谢家福、经元善、李金镛、金福曾等普通士绅为首，以江苏、上海、浙江为中心的江南协济助赈团体本着“救灾恤邻，道也”的人道主义精神，开展大规模的全民募集赈灾善款，同时派遣助赈队伍亲赴各灾区进行慈善救助行动。

光绪二年（1876年），当陆续有江北灾民逃难来到苏州时，谢家福就与郡绅开始了留养助济活动。光绪三年（1877年），他得知山东大旱，于是与李金镛等人谋划筹助，奔走呼号于苏州、上海、扬州以及杭州、湖州等江浙各地，在他们的感召下，愿意助赈的人士日众，源源不断汇钱至谢家福处，在一年不到的时间里，累计收到捐款43万余两。谢家福还亲赴山东青州核查赈灾款项的使用情况，并主持寿光分局。又设立慈幼局，购置房屋，设立义塾，拯救、教育灾童。这是晚清中国民间义赈创办的肇始，谢家福也成为从苏州出发的人道主义救援第一人。

光绪四年（1878年），河南又闹旱灾，谢家福再次出面发起义赈。他还通宵达旦地赶制《河南饥荒铁泪图》系列图贴来感召苏州等地人众的捐赈，这些图贴的号召力极强，连一些穷乡僻壤都有人捐款，谢家福自己也深受感动。直至光绪十三年（1887年），谢家福、李金镛之后的严作霖、潘民表、孙传等人又赴黄河郑州决口及安徽水灾现场义赈，在这12年间累计向各灾区输送赈银252万余两，救活灾民无数。谢家福发起的义赈成为中国救荒史上首次完全由民间团体自发领导的跨地域、大规模、长时间的人道主义救援活动，其兼济天下的伟大抱负得以实现。

可以说，谢家福每次赈灾都是心力所向、虽远必达，又能坐镇后方，扼要中权，专司筹款转运。最重要的是，经手了这么多数目大小不等的爱心款，谢家福却总能综核条理，界限分明，不相联缀。他的才识尤其受到李鸿章的赏识，李曾上书特荐，称“谢家福有体国经野之才，民胞物与之量，畀以官守，必能造福于民”。最后清廷传旨嘉奖谢家福七次，并恩准建坊，给予“乐善好施”匾额。

苏州“柏好人”：柏乐文

此為柏樂文醫生及其年邁父親之遺像其
關之緞匾一方係袁世凱氏親自簽署贈

DR. W. K. PARK WITH HIS AGED FATHER.

柏乐文（William Hector Park，1858年—1927年），美国基督教监理会来华传教士，苏州博习医院创始人。

苏州最早的西医医院博习医院的创始人柏乐文出生在美国佐治亚州加图萨县一个农家。在11个兄弟姐妹中，柏乐文是长子。由于家境贫穷，加之父亲在南北战争中失去了左手，年幼的柏乐文8岁时就下地帮助父母种玉米、播麦子、除草，11岁时就学会耕地，做各种农活。9岁时柏乐文就立下了志向：“去中国做一名传教士！”后来他从美国纽约大学医学院毕业，于1882年12月17日到达苏州，与妻舅兰华德（Walter R. Lambuth）一起将最初的中西医院改建为博习医院（Soochow Hospital），这就是现在的苏州市第一人民医院前身。柏乐文不仅在苏州工作了45年，其间还参与创办了圣约翰教堂、东吴大学，使这处医院、教堂和大学所在的苏州天赐庄成为美国基督教监理会（后改称卫理会）在中国最重要的事业基地之一。

在兴利除弊、改良社会方面，针对当时众多的吸食鸦片者，柏乐文在博习医院设戒烟局；针对当时的妇女缠小脚，柏乐文协助立德夫人（Lady Little）发起天足运动（Anti-Foot Binding Movement），号召革除中国妇女缠足的陋习；他与博习医院的传教士及苏州地方传教士发起一夫一妻制运动，成立“反一夫多妻协会”（Anti-Polygamy Society），一百一十多名教会人员和其他人士签名请愿书，并送呈北洋政府国会；他还在葬礼中推广使用花圈而不做道场。

在医疗事业上，柏乐文不仅引入可卡因作为眼科手术麻醉剂，引入白喉抗毒素，引入X光机作为中国医院最早使用的医学放射检验设备，还提倡女护士看护男女病人的护理制度，等等。此外，他还定制了一艘医疗船，内设有手术室、诊疗室、器械室、卧室等，供江浙一带行医出诊时使用。博习医院和东吴大学还设立医学院，培养了一批中国本土的西医人才，为江浙地区现代医疗的普及和发展做出了贡献。由于博习医院对当时弱势群体的长期关注和救助，苏州人乃至江浙一带的国人都称柏乐文为“柏好人”。

1927年，柏乐文从博习医院退休返回美国，仍思念苏州心切，同年12月14日逝世。遵循遗嘱，他的家人将其骨灰运回苏州，安葬于葑门外安乐园。

苏州大学的一篇有关博习医院早期历史的硕士论文提出，从基督教传教的客观效果看，医疗在推动传教运动上起到过一定作用，尤其在医疗事业早期，但是越到后来医疗事业反而成为传教事业的阻碍，即“道不同不相为谋”。论文作者进一步认为，这倒不是因为医疗本身的缺陷，而是医疗和传教这两个性质迥异的事物结合在一起本身就是很艰难的事情。医疗追求的是世俗主义、立竿见影的效果，而传教追求的是所谓灵魂拯救，需要投入大量时间和精力，这恰恰和医疗追求的高效率南辕北辙，两者的最终离异也不可避免。

笔者却认为，这两者的离异并非是所谓传教的灵魂拯救渐进性和医疗世俗主义高效率之间的矛盾导致的，而是与中国人的价值观有关。拯治灵魂的传教和医治身体的医疗，实际上是“道同却难以相谋”，两者共同面对的是自然主义的中国人，在中国人的价值观里，人与自然是一体化的，只要承认了人性本质上的自然性，就无需什么救赎，尤其是灵魂上的救赎。当然，身体上的救治是必须的，因为可以修复自然性。或者，即便承认存在灵魂，也仅是死后对后代的保佑，而非现世中的自我与灵魂的观照。基督精神中的“秩序、契约、救赎、博爱”这些有关自然与人性的主题，体现在从人性的有限性到博爱的无限性的宗教思想中。有学者称，西方的近代科学发现与探索，法律至上的意识，人性中对恶的驱逐与对善的追逐，大多源自基督精神。

其中“救赎”的关键点在于人性中的恶（自私性），即人性的有限性，基督精神认为是原罪，所以需要在此世不懈地驱逐，通过向往神性来救赎。而中国人往往难以理解的是：人好好的一个生命为啥要先判定自己有罪？其实，历史上几大主流宗教的形成，就是人类对精神生活的一些系统化总结。所谓原罪和救赎，也应是人类的精神世界对身处自然世界的一种正视与反思。

这种正视与反思似乎感召了少年柏乐文，驱动他的人生之旅在遥远的中国苏州留下一串串探索生命、救助生命的足印，从这些足印走来的“柏好人”，也是一位苏州男人。

挡炮口而后有挑屋瓦：程德全

程德全（1860年—1930年），字纯如，号雪楼、本良，重庆市云阳县人，本籍苏州吴县（今江苏苏州）。曾担任清朝奉天巡抚、江苏巡抚，辛亥革命中"反正"加入革命军，任江苏都督、南京临时政府内务总长等职务，后退出政坛隐居上海。

在我们70后这代人的历史教科书上，清末江苏巡抚程德全在辛亥革命的暴风骤雨来临之际，手持竹竿挑下江苏巡抚衙门大堂屋上的几片檐瓦，以示除旧布新，就算革命了，转身他就成为革命军的江苏都督。在当时我们这些学生少年的理解中，这种革命也太搞笑了，这位高官肯定是一个贪生怕死、首鼠两端之辈，还篡夺了革命的果实。那时的我们对苏州近代史上未能发生抛头颅洒热血的起义斗争来响应伟大的辛亥革命而感到有些失望和困惑——难道这就是苏州男人的苍白血性吗？

但是随着历史学家近年的研究，一个更完整、更真实、更可敬的程德全形象从熙攘又沉寂的寒山寺外枫桥岸边浮出水面。这里先说一下，寒山寺在至今的一千五百年中有几次大的兴废，咸丰年间清军败于太平军，溃逃时火烧阊门至寒山寺，这里化为一片灰烬。这是距今最近最大的一次破坏。程德全任江苏巡抚后主持重建寒山寺，书刻雍正、乾隆诗碑及“寒山寺”门匾。苦心经营下，寒山寺“几为吴下精蓝之冠”，构成了现在的基本规模。并且，他晚年也是在常州天宁寺出家，法号“寂照”，最终去世安葬在寒山寺内。

“舍己度人”是佛家的一个信条，作为一位印象中的挑瓦革命派似乎怎么也不可能与“舍己度人”的佛教高义相提并论吧？其实，早在程德全任黑龙江将军的幕僚时，他的“虽万人吾往矣”的气概就已经回荡在白山黑水之间，直至令清廷都为之震撼。

1900年八国联军入侵中国，俄国更抱有侵吞中国东北的野心并大举出兵。俄军在海兰泡灭绝人性地对长期居住在那里的中国公民进行大屠杀。同时，俄军侵入江东六十四屯，屠杀中国人民，在中俄边境地区制造了两起惨案，随后俄军占领瑷珲，全面向东北进攻。中国军队进行了顽强的抵抗后，连连败退。

战争爆发后，程德全由黑龙江将军寿山任命为行营营务处总理，前往前线监军。在博尔多（今讷河县）和摩尔根（今嫩江县）接连失守，清兵不满千人，萎靡不振，已无法组织抵抗的情况下，寿山指派程德全三次赴俄营求和，以图阻止俄军前进，均遭拒绝。程德全以死相求，拔刀自刎，俄国军官惊异中赶紧制止并说：“何至于此。”俄军于是同意不攻省城，不杀无辜，不掠财产。程德全返回齐齐哈尔，撤出军队及军火粮饷准备和平让城。后来俄军抵进齐齐哈尔郊外时，得到翻译的谎报：“省城有伏，议和乃诱使近城也。”于是俄军即将发炮攻城。程德全情急中出城见俄军，以身挡炮口，恳求俄军停止进攻，俄军再一次被他的人格力量折服，遂停止炮击。自此他坚持留在俄军中，作为人质以释敌疑。只是后来，齐齐哈尔还是失守了。

其间，俄军欲强立程德全为黑龙江将军，作为俄军傀儡。程德全以违背国家体制为由坚决拒绝，并投江自尽以明志，又被俄军救起。为此，程德全致书俄国沙皇，要求俄国撤军，并呼吁：“事关两国邦交，德全敢为大清国数百万生民九顿首以请：一、求不伤害生灵；二、求不夺人财产；三、求毋奸淫妇女；四、求中国人民照旧优待；五、求毋更张大清国政令；六、官员人民有愿迁徙者发给护照；七、求发给各城各站人民执照，饬速归业；八、求前往呼兰等处收抚，不必多带人马，免民间惊恐；九、并求先发告示，大张晓谕，俾众周知。”不久，程德全被俄军挟持前往赤塔，途经呼伦布雨尔（今海拉尔），因天寒患病，由俄国红十字会治疗后释回。

程德全与俄军周旋的这些义举在朝野赢得了高度声誉，他被清廷提拔为副都统、黑龙江将军，后来又调任江苏巡抚。自1910年至1926年，程德全在苏州度过了他事业的巅峰时期，作为晚清巡抚大臣他以和平演变的方式完成了不流血的革命，成为被同盟会、革命党人倚重的政治中坚，成为革命军和北洋政府的江苏都督。他早在为官不久就在四川家乡义举救济宗族贫民；在齐齐哈尔建设了东北地区第一座近代公园；在苏州支持复兴佛教救助生灵，还在苏州城南盘门内划地1.4公顷，植树3万棵，建成苏州市第一座新式公园“植园”；他甚至把小儿子程世抚送去美国哈佛大学研究生院学习园林艺术专业。至此，程德全已经和园林和苏州城结下了不解之缘。

从挡炮口到挑屋瓦，从修佛寺到造园林，程德全不愧是勇智双全、境界寂照的苏州男人。

苏州奇人的不奇之处：朱梁任

朱梁任（1873年—1932年），同盟会早期成员，南社发起人之一。早年留学日本，后回国鼓吹革命，曾任苏《正大日报》社长等职。他对苏州文物古迹保护不遗余力，曾任中央古物保管委员会江苏分会委员，出资深刻《平江图碑》，并誓死力阻锦帆桥拆建。1932年11月12日，朱梁任和儿子去甪直参加保护保圣寺罗汉塑像活动，不幸途中翻船，父子遇难，为保护苏州古迹而丧生。

朱梁任名锡梁，号君仇，清末、民国时期苏州人。曾留学日本，毕业于东京弘文学院速成科，回国后鼓吹革命。他还是同盟会的早期成员，也是南社发起人之一。民国时期，朱梁任曾担任东南大学教授、苏州《正大日报》社社长、吴县古物保管委员会委员、江苏省古物保管委员会委员等职务。

朱梁任曾以痴子、奇人闻名苏州。柳亚子说他：“性情古怪，虽然是苏州人，却硬邦邦的，绝无吴侬软媚的习气，学问很好，诗文都来得，精于小学，能写篆书，又自命为音乐家，对音律别有研究。”有关他的痴奇怪诞，民国苏州人知道的有这么几件事。

朱梁任父亲朱小汀是一名武进士，同时也是文秀才。因此，朱家文武传家，他们祖孙三代都是崇文尚武一脉双承。朱梁任经常手持一根习武的铁杖在苏州街头会文访友。他富有革命思想，把清廷赏给其父的诰封扯碎，为此闹得父子反目，他自己背叛家庭东渡日本，并加入同盟会。苏州府为慈禧太后做寿，他穿白衣戴白冠大闹官方宴席，被拘捕后又被当作疯子获释。国民革命军北伐，他带着9岁的儿子朱世隆一起转战沙场。民国苏州市府欲填塞锦帆河，拆除锦帆桥，他俯在桥栏痛哭不止，发誓要与桥共存亡。

1903年秋，朱梁任、包天笑、苏曼殊、王薇伯等人曾登临西郊狮子山，呼唤国魂来归，警醒睡狮。朱梁任还制作了一面招魂幡，上面画了一个狰狞威武的狮子，昭示中国睡狮已然觉醒，必将声震东方。他还在招魂幡上题句：“归去来兮我国魂，中原依旧属公孙。扫清膻雨腥风日，记取当时一片幡。”朱梁任在山顶慷慨激昂作诗：“维有胡儿登大宝，岂无豪杰复中原。今朝灌酒狮山顶，要洗腥膻宿世冤。”并向北空鸣枪三声象征对清廷的讨伐。此举惊动了乡民，引来地保的严厉盘查。地保在得知朱梁任父亲是常州府备道后，才把他们一干人放走。关于他的服饰之奇，同赴狮子山招魂的包天笑有记载：“他排满最激烈，剪辫最早。剪辫而仍戴一瓜皮帽，露其鸭尾巴于背后；身上长袍，御一马甲，拖一双皮鞋，怪形怪状，因此人呼朱痴子。”

朱梁任家在苏州阊门外三六湾夹剪弄，1927年北伐胜利后，朱梁任被推举为木渎乡长，他就把三六湾一带划入了木渎区域，成为木渎所辖的一块飞地。1928年12月，“苏州市”这个称谓第一次在苏州城市史上出现，时任市长陆权欲把朱梁任的“飞地”划回苏州市，朱梁任很不高兴，与陆权大起争执，不肯让步。朱梁任就借用南社的势力，因为，国民政府定都南京，政府中很多高级官员出自南社，如汪精卫、于右任、叶楚伧等，而当时，叶楚伧恰好任江苏省政府主席。据说朱梁任随后写信给于右任和叶楚伧，以苏州城现有人口不足改设市府不符合《市组织法》为由，请即取消苏州市的设置，改回吴县，以符法令。结果几位南社人物合力，又碰上国民政府财政困难，正拟紧缩开支，1930年2月苏州市就此取消，陆权只能和吴县县长黄蕴深办交接去了。

从这件飞地之争的传说来看，朱梁任从革命时期的他到为乡官时期的他，似乎从奇人走入了不奇之处。尽管如此，从他的传奇人生来看，当代学者们对朱梁任还是给出了高度评价，如“文化奇人，一流乡绅”，“朱梁任人磊落坦荡，豪爽率真，诗也就写得大刀阔斧、干净利落”，“朱梁任是一个复杂的多面体人物，但敬史崇文、爱国民主是其主导方面，一生充满了一种‘改造社会舍我其谁’的崇高使命感和‘知其不可而为之’的锐意进取精神”。

生产型快感的体验者：颜文樑

颜文樑（1893年—1988年），生于江苏苏州，中国著名画家，美术教育家，1911年入商务印书馆画图室学习西画，1922年与胡粹中、朱士杰创办苏州美术专科学校，1928年入法国巴黎高等美术专科学校，1932年回国，主持苏州美术专科学校的教学，1953 年后任中央美术学院华东分院副院长，浙江美术学院顾问，中国美术家协会顾问。出版有《颜文樑画集》《油画小辑》《欧游小品》及水彩画集《苏杭风景》等，著有《美术用透视学》《色彩琐谈》等。

明万历二十二年（1594年），晚明性灵文学领袖袁宏道入仕赴任吴县（今苏州）知县，他在写给舅舅龚惟长的书信中，曾提出了著名的“五快活”，具代表性地将当时文士阶层逸乐欲望的快感价值观发挥得淋漓尽致。“快活”是人类欲望快感的一种实现方式与感受表达，从哲学人类学角度，笔者且将古人和当代人的“快活”所获取的快感特征进行整合梳理，然后分述为：消耗型快感与生产型快感。

生产型快感具有以下特征：

（1）存在于色情生殖、宗教、文化艺术创作、科学技术发明、传统农业和手工业等领域；

（2）快感的状态为刺激感、美感、劳作感、痛苦感、责任感、幸福感等；

（3）快感的获取需要具备一定的难度过程（如追逐异性与求婚、创作技能、知识智力与体能等）；

（4）快感在实施中具有排他性（具有私密性、独立创作与创新等）；

（5）快感后的结果具有正向物质与精神成果，并具有排他性及永久性价值（如生育儿女、产生文艺作品、科技发明、专利成果等）；

（6）快感往往是奉献性的（如对儿女的养育、文艺作品与科技成果对人类的贡献等）；

（7）宗教艺术等代表了精神性生产，色情生殖等代表了身体性生产。

从其特征指标看上述生产型快感与《陆文夫》一篇中论及的消耗型快感两者的关系，可以这么说，生产型快感决定了消耗型快感的来源和质量，消耗型快感消解和耗费了生产型快感的成果与余存；并且，只有人类，尤其是成人才会去创造与体验生产型快感，儿童与动物体验的大多是消耗型快感。动物的唯一项生产型快感是生殖，然而，动物获取生殖快感的本能是为下一代动物创造继续获得消耗型快感而存在的。此外，儿童在成年之前必须接受长期的教育训练，是为了学习掌握成人社会的常识与规范，掌握创造与体验生产型快感的技能（上面提到的色情生殖仅是从学理角度探讨）。总而论之，在承认消耗型快感的基础价值之上，生产型快感应是文明的一种指标，唯有人类才以这种高级的创造性方式体验着生命的幸福。

古人说，寿则多辱。九十五岁高龄辞世的颜文樑似乎是这句话的一个反证。他说："我主张快乐。人生应该使悲伤转为快乐。我画画的时候是苦的。如画《百果丰收》画得很吃力，汗水从手臂上流下来，地上成了一滩水。下雪天在外边画风景，手冻得不能动了，苦呵！但成功后回来看看，蛮有趣味，其乐无穷。"

在生产型快感的体验上，颜文樑几乎是从少年就开始了。十几岁于上海商务印书馆习画之余，他就曾动手自制油画材料，后来返回苏州以绘画为终生职业，他自制油画材料的实践也更加深入了。他的绘画生涯的第一张油画《石湖串月》就是用松香水加鱼油的自制材料的"油画"。在随后的绘画实践中，颜文樑还实验探索各种画布的不同性能，在竹布上用肥皂、铅粉、胶水混合涂抹，画至中途，油彩剥落，然后改用熟桐油、火油、石粉等调和于布面……今天学画的人很难想象为什么当年颜文樑会把那么多时间和精力花费在自制材料的实践中，也许他的生产型快感就是一种解答吧。

1919年颜文樑和东吴大学的杨左匋、苏州名士潘振霄、金松岑、徐咏青等共同发起了"苏州美术画赛会"，这是中国美术史上第一个具有实际意义的全国美术展览。一共持续办展近20年，直至全面抗战兴起才停办。1922年颜文樑与胡粹中、朱士杰在苏州海红坊创办了苏州美术学校，后升级为中国近代美术史上著名的苏州美专。《开国大典》的作者、著名画家董希文，被誉为“中国早期水彩画开拓者”的李诒森，中国水墨动画片的首创者钱家骏等美术名家均毕业于苏州美专。1927年颜文樑受苏州公益局之聘，任沧浪亭保管员，同时受命筹建苏州美术馆。他采纳上海工部局建筑师吴希猛的罗马爱奥尼亚廊柱建筑设计。新校舍于1931年8月动工，1932年8月在沧浪亭东侧落成，这座有十四根巨柱的罗马宫殿式的房屋，共三层五十余间房间，分别用作画室、办公室、自修室、休息室。至此，拥有苏州美术馆的苏州美专规模堪称全国美校校舍之冠，学校成为民国时期教育部批准的大专院校，而这座苏州美术馆也成为中国第一座城市美术馆。

颜文樑一生创作了大量的优秀作品并享誉海内外，在办学育人的人才生产中也是桃李满天下，堪称生产型快感的一名体验者。20世纪90年代，笔者曾在那座罗马宫殿式的苏州美术馆的地下画室有过一年习画经历，每次走进一楼大厅看见颜先生的塑像，我似乎总能听见他在说着“其苦亦甘，其乐无穷”。

乘兴而去，尽兴而返：俞平伯

俞平伯（1900年—1990年），原名俞铭衡，字平伯。现代诗人、作家、红学家。清代朴学大师俞樾的曾孙。与胡适并称“新红学派”的创始人。湖州德清东郊南埭村（今浙江省湖州市德清县乾元镇金火村）人。

俞平伯出身名门，早年以新诗人、散文家享誉文坛。曾积极参加五四新文化运动，为新潮社、文学研究会、语丝社成员。1919年毕业于北京大学。曾赴日本考察教育。曾在杭州第一师范学校执教，后历任上海大学、燕京大学、北京大学、清华大学教授。1947年加入九三学社。新中国成立后，历任北京大学教授，中国社会科学院文学研究所研究员，九三学社中央委员、顾问，中国文联第一至四届委员，中国作协第一、二届理事。第一、二、三届全国人大代表，第五、六届全国政协委员。俞平伯精研中国古典文学，执教于著名学府，是一位热忱的爱国者和具有高尚情操的知识分子。

苏州古典园林曲园是俞平伯的祖居，也是他从小生活的地方。他16岁入读北京大学预科，其父俞陛云将全家迁往北京箭杆胡同，紧挨着北大后门，这样便于照顾这位少爷才子。在北大毕业之际，俞平伯曾向往他的同学们如罗家伦、傅斯年、康白情、汪敬熙、杨振声等先后赴欧美求学。特别是在杨振声去美国之际，俞平伯做新诗《送金甫到纽约》相送，诗中称自己“还蜷伏在灰色的城圈里，尝那黄沙风底泥土滋味”，并且期盼与杨振声“携手在无尽的路途上，向无限的光明去”，似乎“土鳖”与“海龟”的前程有黑暗与光明之分。

随后不久，俞平伯也登上自费留学英国之旅，但他在英国居留不及半月，留学未及开始即已打道回府。傅斯年得知消息时，曾赶来劝阻，但是俞平伯归意已决。后来，傅斯年在写给胡适的信中说：“（俞平伯）到欧洲来，我实鼓吹之，竟成如此结果，说不出如何难受呢！平伯人极诚重，性情最真挚，人又最聪明，偏偏一误于家庭，一成大少爷，便不得了了；又误于国文，一成文人，便脱离了这个真的世界而入一梦的世界。我自问我受国文的累已经不浅，把性情都变了些。如平伯者更可长叹。但望此后的青年学生，不再有这类现象就好了。”

学者黄波曾评价道：“这里的傅斯年，不仅是以好友，而且是以受过现代西式教育的知识分子身份，对俞平伯进行了一次观察。……书香门第出身的俞平伯，终其一生都是一个传统文人，而未成为现代意义上的知识分子，已初现端倪于近乎笑谈的留洋中。虽然不必一定要分出传统文人和知识分子的优劣，但就时代的氛围和俞氏的天分而言，不能不说有一点遗憾。”另一位学者余斌却说：“不过若以为俞平伯留学半途而废是地道的‘官二代’、‘富二代’行径，那就大错特错，他两度放洋，他几乎每日都在读书做文，或是与人讨论学问，就绝对与纨绔子弟异趣。我以为他的掉首而归，从深层上说，还是西方的学问，于他究非性之所近。……那一代的留学生中许多人都受过旧式教育，但是论浸淫传统文化之深，且在性情上留下印记的，恐怕还是以俞平伯为最。虽然他大看The Grammar of Science（《科学的语法》），自谓头脑也已科学起来，‘幻想的趣味竟很薄弱了’，然对传统文化的依恋仍是不言而喻，对新式学问较他人也就更难有亲近感，放弃留学，也算是顺理成章之事。”

时隔两年，俞平伯再次有赴美留学之举，却又是以他1922年7月9日在上海登船赴美，11月9日回到上海，为时一共才五个月为结局。在美期间，他随汪敬熙参观了霍普金斯大学医学院的心理实验室，看汪解剖胎鼠，于是有了读心理学的志愿，于是进哥伦比亚大学办了入学手续，并且听过几次课。但是，他因患皮癣多次治疗无明显效果，遂决定回国。几十年后，俞平伯自我调侃道：“小住英伦只十二三日，在当时留学界中传为笑谈。岂所谓‘十九年矣尚有童心’者欤，抑亦所谓‘乘兴而来，尽兴而返’者耶？”

笔者却以为，以上傅斯年和黄、余两位学者的解读都有一定的道理，然而从俞平伯本人的一些思想心路来看，尚缺深度和广度的观察。彼时，西方社会正处于科学技术蓬勃发展、资本主义高速推进的时代，西方民族国家的扩张、竞争、殖民及对全球资源的掠夺也正处于历史的高潮。1922年俞平伯赴美留学，途径日本长崎，看到日本人在码头上运煤，而船上的船员及包括他本人在内的旅客们“凭栏闲眺”；至于西方妇人，更是“保持其骄奢、傲慢、柔媚的空气，向人作种种怪态”，“真是万恶底象征，不信人间应当可以如此”。目睹此现状，俞平伯十分颓丧，他如此述说他内心的痛苦：“我后即返舱中，颓然就卧。始信现代文明，一言以蔽之，罪恶而已，掠夺而已。吾辈身列头等舱，尚复嗟怨行役之苦，可谓‘不知稼穑之艰难’，亦可谓毫无心肝。苟稍有人心者，睹近代罪恶底源泉在于掠夺，则应当以全心力去从事社会运动，即懦怯的人，至少亦须去从事民间运动。高谭学术，安富尊荣，此等学者，人间何贵？……兴思及此，一己之烦闷可平，而人世之悲哀愈烈，觉前路幽暗，如入永夜，永无破晓之新希矣。”这些是他在《东游杂志》中的笔记片段。

近年的《南方都市报》有文载：1948年俞平伯撰写《智人　愚人　聪明人》一文，曾批评教育和知识的普及带来的恶果。他认为，人不能以职业来区分，只应分为：第一，智人或哲人，如孔老释迦及其徒众；第二，愚人即老百姓；第三就是聪明人。智人和愚人虽是两个极端，却互相接近，因为他们都有所畏惧，或畏天命，或畏国法，或畏业报，所以都会有所不为。唯独自以为比别人聪明的人，其中不乏肆无忌惮的小人，却表面上最解放和最高明，并逐渐以一面倒的威力压倒愚智两端，而教育却推波助澜，唯恐愚智两端消灭得不快。俞平伯批评教育道：“教育的目的小孩都知为开通民智。民智既然开通，愚人当然减少，不成问题。又因为近代教育图平均的发展，不善天才的培植，趋于标准化、庸俗化；是以圣哲固决不再生，而通人亦稀如麟角。”他一方面痛心教育导致的标准化和庸俗化使得杰出人才丧失，同时又批评知识泛滥导致人类的欲望极度膨胀，他说：知识的进步，当然“要得”，可惜其他的不跟着走。所以这仅仅的知识进步，本来“要得”，却似乎有点“要不得”起来。这里牵涉太广，下边稍做阐释：人之所以异于禽兽，是因为有知识，但欲望对于人与禽兽是不同的。我们终究无法使我们的欲望向知识看齐。不但如此，另一方面，欲望反而跟着知识发展。以万能的近代知识扇动着原始的欲焰，吐射万丈的光芒，来煎熬着人类的命运。这就是近代生活的写真。

以上应该就是俞平伯短暂的两次留洋西方时所看到的，西方近现代社会中“知识就是力量，力量就是资本，资本就是欲望，欲望就是人生”的那种唯物论，以及那种唯物论造就的一批批近现代聪明人的写真，犹如当时西方社会的皮癣。如今我们也许才会明白俞平伯为何会在唐宋诗词和《红楼梦》研究等领域有着重大的贡献，这个问题大概也可以从他当年的那些阅历和思考中去寻找答案吧。十七岁入北大时，俞平伯曾赋诗一首：“既怀四方志，莫使景光遒。君子疾没世，戒之慎勿嬉。”这份“四方志”，是否向我们提出了一个问题：俞平伯当年真的是乘兴而去、尽兴而返吗？

各美其美、美人之美：费孝通

费孝通（1910年—2005年），汉族，江苏吴江（今苏州市吴江区）人。著名社会学家、人类学家、民族学家、社会活动家，中国社会学和人类学的奠基人之一，第七、八届全国人民代表大会常务委员会副委员长，中国人民政治协商会议第六届全国委员会副主席。

费孝通早年在苏州振华女中读书时，就和钱钟书的夫人杨绛是同学，在他从东吴大学转学至燕京大学前，曾问杨绛："我们做个朋友可以吗？"杨绛说："朋友，可以。但朋友是目的，不是过渡；换句话说，你不是我的男朋友，我不是你的女朋友。若要照你现在的说法，我们不妨绝交。"费孝通很失望也很无奈，只得接受现实，仍跟杨绛做普通朋友。他后来与钱钟书也成为朋友，与他们夫妇友好相处。费孝通晚年在文章中曾说他的第一个女朋友是杨绛，本来就爱无事生非的小报就此大事炒作。杨绛得知后说："费的初恋不是我的初恋。让他们炒去好了，别理它。"钱钟书去世后，费孝通曾去拜访杨绛，杨绛送他下楼时说：“楼梯不好走，你以后也不要再‘知难而上’了。”其实，杨绛就是费孝通心中的初恋，虽然有些酸涩，但有那么一份美好，长久地伴随着他对人生的情愫寄托。

费孝通在七十岁后迎来了第二次学术人生的高潮，他回顾一生的心路历程，把早期的那些社会人类学研究归结为“共存的生态秩序研究”，并认为在全球化时代，我们还需要一个所有人类均能遂生乐业、发扬人生价值的心态秩序，因而应该进入“共荣的心态秩序研究”。晚年以后，费孝通越来越多地谈论文化问题，提出“文化自觉”，强调“文化自主”，主张不同文化之间要“和而不同”，即他著名的文化人类学思想：“各美其美，美人之美；美美与共，世界大同。”

从费孝通的早年情感经历和晚年学术思想的某种一贯性看，“各美其美，美人之美”是贯穿他人生的一种美学价值，一种存续自己的美好情愫又能推己及人、欣赏他人之美的“和而不同”的契阔情怀，一种对人生，对社会，对世界的深刻而辽远的真挚思考。学者苏国勋称，费孝通一生坚持“从实求知”的学术实践，从20世纪30年代开启的第一次学术生命中，他使用人类学方法深入边远乡村，坚持田野调查，完成了《江村经济》《生育制度》《乡土中国》等一系列早期名著，其中他对中国社会结构的精辟分析并概括为“差序格局”的深刻洞见，为他在海内外学术界赢得了崇高的声誉。在“文革”结束后的第二次学术生命中，他不顾古稀之年的身心劳累，为重建和发展各美其美的中国社会学殚精竭虑。为推动我国社会经济事业的发展，他从农村到小城镇、再到城市社区，“行行重行行”，实践了“志在富民，皓首不移”的诺言。

费孝通一生著作浩繁，主要分布在20世纪30年代至新中国成立之初和20世纪80年代改革开放之初至耄耋晚年这两个时期，先后出版了数十种著作，发表了上千篇文章，超过700万字的著述，使他成为著作等身、学术卓著、社会影响宏巨的一代大家。

有人曾这么质疑：为什么中国历代的状元、进士大多不能像那一些科举落榜生吴承恩、施耐庵、蒲松龄、徐霞客等人那样留下传世名著？那是因为状元、进士在考取功名、进入仕途后名利双收，赢得了幸福美满顺利的人生，所以就不必再饱受挫折，殚精竭虑地苦心煎熬出那些伟大作品了，其实他们比那些落榜生更具有才华，仅是无需再使用这些才华而已。这种“真相的发现”，其实仅是停留在狭义的“各美其美”，可能并不明白人的消耗型快感和生产型快感的关系与价值。简单地说，此“真相的发现”强调的是人生在消耗型快感的实现中各美其美就够了，反正已是状元或进士了，足够才华横溢、傲视同侪了，何必还去折腾什么生产型快感，创作那些伟大作品呢？

费孝通先后就读于东吴大学、燕京大学、清华大学、英国伦敦大学，获人类学博士学位，可谓进士甚至状元及第；他晚年担任全国人大常委会副委员长，可谓功名地位显赫。然而，费孝通在学术人生被放逐磨难二十多年后的古稀之年仍能重振学术雄心志在千里，以生产型快感的老骥伏枥、笔耕不辍来著书立说，思考探索人类的命运和前途，奔走于乡村城市、海内海外，朝向“美美与共，世界大同”的理想而不懈前行。这是何等的一种人生境界！

其实，那种“真相的发现”恐怕是少了点“美人之美”吧？

消耗型快感的审美者：陆文夫

陆文夫（1928年—2005年），江苏泰兴人，长期定居苏州；曾任苏州文联副主席、中国作家协会副主席等。在50年的文学生涯中，陆文夫在小说、散文、文艺评论等方面都取得了卓越的成就，他以《献身》《小贩世家》《围墙》《清高》《美食家》等优秀作品和《小说门外谈》等文论集饮誉文坛，深受中外读者的喜爱。

接着颜文樑一篇讨论过的生产型快感，这里谈谈消耗型快感的审美价值与作家陆文夫。

笔者认为，消耗型快感具有以下的特征：

（1）存在于饮食、烟酒嗜好、棋牌游戏、旅游、健身、第三产业中的人际服务消费等领域；

（2）快感的状态为舒适感、享受感、轻松感、解脱感、刺激感等；

（3）快感的获取无须经过有难度的过程（一般智力、体能的人都可获取）；

（4）快感在实施中具有共享性（可以邀请他人一起参与）；

（5）快感后的结果没有正向物质成果，或仅具有即时分享性价值（如一般产生垃圾、排泄物，或欢聚的即时愉悦等）；

（6）快感往往是占有性的（消耗、消费物质或服务）；

（7）棋牌游戏等代表了精神性消耗，宴娱旅游等代表了身体性消耗。

曾为当代苏州文坛领袖的陆文夫以小说名作《美食家》对消耗型快感进行了审美提炼，使苏州美食成为蜚声海内外的一种万众期待与神往的体验。而《美食家》也成了最早的“舌尖上的中国”的当代文学版。小说主人公朱自冶在民国时期是靠房租收入过着殷实生活又游手好闲、好吃的房产资本家，到新中国成立后，房产被剥夺，他进入苏州一家著名饭店工作劳动，再至改革开放后，又以好吃特长取胜，并以烹饪学会会长的身份成为苏州美食文化的权威高人。小说以人们的美食权利为切入口，通过朱自冶吃客生涯的一波三折，使读者在阅读中渐入佳境，与美食家一同纸上饕餮，一同面对世运变迁，一同经历命运的起伏涨落，一同观察人性的基本面及其在时代与人生中的投影。

《美食家》作为一部苏州民俗风情的“活标本”，代表了陆文夫小说创作的艺术水准和非凡成就：以浓厚的地方色彩语境，借鉴了传统话本和苏州评弹的艺术手法，描摹了苏州的人文风情，弥散着一股清淡雅致的气息。让人细细品味，流连忘返。

陆文夫在苏州度过了六十多年的时光，许多读者和作家称他为“陆苏州”。著名作家范小青说：“苏州只是他观察世界的窗口，只是他通向更广大境界的出发地。在苏州韵味的背后，始终有一个宏阔的历史的大背景存在。前景是吴越美食，是市井小巷，但因为深厚历史背景的存在，使得他的作品有一种独特的穿透力，在他作品轻松幽默的背后，有一种‘重’的力量。陆文夫写出了吴文化的骨。”

说到消耗型快感，它并非仅是人性中的消极面，它还是人类赖以生存、生活，体验快乐、满足，交流情感乃至获得幸福的基础性感受。它来自于人性中自然天性的一面，是与天地同乐、与万物同乐的一种生命的拥有状态，是生命生长的本能式消耗中对生产型快感的一种准备和筑基。

在纽约国际笔会第48届年会上，有人问中国作家陆文夫对性文学是怎么看的。陆文夫幽默地答道：“西方朋友接受一盒礼品时，往往当着别人的面就打开来看。而中国人恰恰相反，一般都要等客人离开以后才打开盒子。”与会者发出了会心的笑声，接着是雷鸣般的掌声。性文学应是生产型快感的一种文本，但它有时会导向消耗型快感的结果。而作为消耗型快感的审美，在此，陆文夫让美食家朱自冶当着大家的面打开了一桌桌苏州盛宴，这种快感的礼物最终升华为那些生命中的聚散、悲喜、苦乐，在他的“糖醋现实主义”的创作中体味成一种生产型快感。《美食家》被译为多国文字传播至海外，难怪西方人会问这位中国美食作家是如何看待性的。

显然，性和美食是人类永远书写不尽的主题。

达隐兼修的科学家：顾诵芬

顾诵芬（1930年—　），江苏苏州人，飞机设计专家，中国科学院院士、中国工程院院士。是中国自行设计、制造的高空高速歼击机的主要技术负责人之一，也是该机以后改型的总设计师。毕业于交通大学（今西安交通大学、上海交通大学前身）航空工程系。历任工业部航空工业管理局工程师，沈阳机械制造厂设计室空气动力组组长，中国航空研究院飞机设计所副总设计师、总设计师、副所长、所长，沈阳飞机制造公司总设计师，航空工业部科技委员会副主任、高级工程师，中国航空学会第二届党务理事、第三届理事。为第六届全国人大代表。1964年开始负责设计歼8喷气歼击机的气动设计。

顾诵芬是中国著名的飞机设计大师，飞机空气动力学家，两院院士，歼8飞机副总设计师，歼8Ⅱ飞机总设计师。这么一位在国防和科学事业上做出杰出贡献，功名显达的科学家还有怎样的一种隐修人生呢？

这个话题要先从顾诵芬的家族史说起。苏州唯亭顾氏，从明代成化年间一世祖顾昇至20世纪八九十年代相继去世的十五世顾廷龙、十六世顾颉刚，代出闻人，家学可谓渊远而流长。五百年间历经盛衰兴替，由盛而衰，衰而复振，在文学、仕途、刻书、学术、园林等领域颇负盛名，是苏州著名的文化世族。

唯亭顾氏首开甲科者为六世祖顾予咸，正如历史学家顾颉刚所说，从顾予咸开始乃由普通士人而步上仕宦之途，这是他的家族从唯亭迁入苏州城内成为普通士民后的第二次转变。顺治三年（1646年）顾予咸中乡试第十九名举人，顺治四年（1647年）成三甲进士，选授直隶晋宁县令，仅九月即调任浙江山阴县令，政绩卓越。顺治十年（1653年）调入刑部，任福建司主事。曾与金圣叹一起卷入哭庙案，入牢八十三天后获释，随后的八年余生中他遁世而隐。

顾予咸的同祖兄顾其蕴（1607年—1682年），原名予泰，字大来，晚号空五。著有《缶吟集》二卷、《真钓轩稿》四卷。顾其蕴入清不仕，在苏州城内筑宝树园为宅。他曾是晚明复社名士，却能息隐尘外，与苏州名流俯仰其间，享诗酒林泉之乐，世事不知，浮沉不问。他就是著名版本学家顾廷龙的九世祖，而顾廷龙的次子就是顾诵芬。顾颉刚则是顾诵芬的同宗堂兄，为顾予咸的十世孙。

隐逸思想可谓中国传统文化中的一种至高境界。据《史记·老子韩非列传》记载，楚王听说庄子贤德，便派使臣去请他，送他千金和宰相的尊位。他笑笑说："不愿做朝廷里养的肥牛，虽吃穿得好，却不自由。"到祭祀时，被割下脑袋做祭品。他的志向是自由快乐，"无为有国者所羁，终身不仕，以快吾志焉"。庄子追求的是“不为物役”和不为“圣人之知”所役。除了实现人格的独立、自尊和自由，道家还强调人与自然的同源同德，进而通于自然之道，达到无我、无名、无功，物我两忘的人生境界。只有这种名利之上、有无之上的超越，才能实现生命的自然久长。

生活于当代的顾诵芬则投身于“圣人之知”式的科学求索中，在科学事业之外的生活世界又能“不为物役”，以一种淡泊、俭朴、隐逸的生活方式来明志致远，体现出苏州男人的一种境界。

《铁血军事论坛》有文记载，当年顾诵芬所在的航空航天部601研究所那个上百人的设计室里，只有顾诵芬和参加工作早的同事有自己的自行车，后来他们的自行车就都成了公车。如今大家一回忆起顾诵芬那辆自行车，都颇为感慨：没多久顾诵芬的自行车把手摔断了，只剩下一个把手。但这一切他都不在意，剩下一个把手的自行车他还骑了很久，而且也不修了，缺了一边把手的自行车成为一个符号。他长年累月地骑车上班，到试制车间、到沈阳飞机制造厂现场办事。1984年，顾诵芬担任了“沈飞”总设计师兼601所的所长，但他还是骑着那辆自行车，外出工作也常骑着。有时出差回来，也不要车去接，而是坐公交车回研究所。别人问他为什么这样，他说：“汽油这么紧张，要车干嘛？为国家节约吧。”顾诵芬日常生活上的简单人尽皆知。1983年的一天，601所一位室主任赶在午饭时到顾诵芬家里去商量事，那会儿顾诵芬的夫人正在国外出差，他说他看见写字台正中央放着一本很厚的已经翻开的英文版技术专著，旁边放着一块已经吃了几口的面包，没有菜，甚至连杯水都没有。有一次，航空航天部机关来人，顾诵芬请吃早餐，吃的是压缩饼干就着白开水。

1979年年底，我国飞机制造21年历程中一个辉煌里程碑——歼8飞机（白天型）完成设计定型工作。定型会一直忙到12月31日晚上10时才结束。定型会后，没有什么招待会，只是在“沈飞”的干部食堂大家一起吃饭。顾诵芬与大家举杯相庆。要回家了，副所长一清点人数，找不到顾诵芬了。原来他已经大醉去吐了。顾诵芬不喝酒，但那一天，他与众人一样，也用的是大碗。这是歼8飞机设计者、领导者、生产者的辛勤劳动得到国家、军队正式认可后的骄傲和兴奋，也是所有参与研制工作的人们实现久盼心愿后的欢乐和豪放。不会喝酒也不善于表达激情的顾诵芬，开怀痛饮。这是他自己的飞机设计生涯中第一次、也是唯一的一次酩酊大醉。

历史上的阮籍常常大醉后在茫然痛哭中末路而返，这是古代隐士在社会政治高压下，个体生命价值诉求中的一种苦闷、迷茫和自我放逐。而顾诵芬的这次大醉，则是曾经毕其功于一役后的一次放旷隐遁的情怀。这种达隐兼修，对于一名科学家来说，也许他自己都从来没有这么意识过吧？

请放慢物质更新的脚步：阮仪三

阮仪三（1934年—　），江苏苏州人。1956年考入同济大学，1961年毕业留校。现任建设部同济大学国家历史文化名城研究中心主任，同济大学建筑城市规划学院教授、博士生导师，中国历史文化名城保护专家委员会委员。20世纪80年代以来，努力促成平遥、周庄、丽江等众多古城古镇的保护，因而享有“古城卫士”“古城保护神”等称号。曾获联合国教科文组织遗产保护委员会颁发的2003年亚太地区文化遗产保护杰出成就奖。主要著作有《护城纪实》《护城踪录》《江南古镇》《历史文化名城保护理论与规划》等。

被称为“古城保护神”“文化遗产卫士”的阮仪三是城市规划和建筑遗产保护领域的著名学者，在荣获联合国教科文组织的2项大奖、法国文学艺术骑士勋章之后，又被美国圣母大学（University of Notre Dame）授予2014年亨利·霍普·里德奖（Henry Hope Reed Award）。该奖项旨在表彰在建筑规划领域对城市历史文化的保护与传承做出突出贡献的人。阮仪三教授成为全球第十位获奖者，也是第一个获此奖项的亚洲学者。

阮仪三所致力的历史文化古城古镇保护与建筑遗产保护事业是人类物质文明遗产在面临当前全球化的城市更新和可持续发展中，一项艰巨而富于文化传承意义的使命。自1956年他考入同济大学建筑系随后毕业留校任教至今的近60年间，他几乎是用毕生与这一使命结下不解之缘。尤其是在城市化、城市更新如火如荼高速推进的当下中国，如何面对我们的物质文明遗产的存续，如何理解物质更新与文化更新的关系，如何才能放慢物质更新的脚步，去认识文化更新的价值，这些应该是阮仪三和我们共同面对并思考的课题。

阮仪三认为，建筑遗产保护和修缮有“五原”的原则：原材料、原工艺、原式样、原结构、原环境，但是很难做到“原环境”。照一般来做的，那就要做到四个要求：第一个原真性，原来真的，你不要把它弄成假的；第二个可读性，可读取的，你这个历史可以读取的，可以读得出它的历史；第三个整体性，你修一幢房子，要顾及周围的环境，周围的花草树木。第四个延续性，它原来住人的还得住人，它的性质还得继续延续下去。“四性”加“五原”，“五原”是对单幢来讲，“四性”是对环境来讲。最难做的就是“原真性”。只要有这颗原真性的心，就可以把它做成功的，你只要用原材料、原工艺去做，花工夫做。只有坚持这样的做法，我们的物质文明遗产才能存续下去。

就物质更新而言，如今中国沿海发达城市的城市化和城市更新在物质空间上已经接近西方发达国家城市的水平，甚至以苏州工业园区为例，其在城市物质环境营造上已经超越了很多同等规模的西方城市的城区。另一方面，中国内地一些城市不惜推倒夷平古城区、古街区、古民居而大肆兴建仿古城镇、仿古景区、仿古街区，如西安的阿房宫、大同的辽城、沛县的汉街、聊城的仿古深宅大院街区、凤凰古镇新建的100多座吊脚楼等假古董，这些已不仅是通常理解的为了振兴地方旅游经济，而是更深层地以意识观念反映出国人在物质更新上一贯的趋之若鹜。正如历代新王朝的建都大多是在对前朝旧都之城摧毁夷平之上的更新兴造，它们象征了新兴权力意志的君临天下，而那些宝贵的历代物质文明遗产建筑与城市却每每在浴火后无法重生。再从我们今天的生活层面来看物质更新，电子、软件、网络产品、汽车、住宅等这些正在高速升级换代，每每让我们还来不及读明白新的使用说明书或业主手册就匆忙不迭地赶紧晋级。我们总是热衷于物质上的日新月异，热衷于装备更新上的成就快感。

而文化更新呢？一方面，我们似乎很高调地以汉服唐装、祭孔大典等来复兴国学，而庙堂外的仿古别墅区里却仍蓄养着二奶和小三；我们的某些权力腐败与现代资本结合生成的权贵资本主义导致的财富分配悬殊和公平正义的缺失，却是人性之恶未能给予有效节制的社会化苦果；百年前我们的“师夷长技以制夷”的理论在今天却以它的另一民间翻版“用夷长器以欲己”来换取一种加速物质更新的享受快感。另一方面，那些人类文明实践的宝贵成果——“自由、民主、平等、法制”作为一种人性之善怎样才能进一步成为今天的古老国度里，我们在呼唤文化复兴的同时，更应自觉朝向的一种文化更新？

学者何怀宏有一部新著《新纲常》，赋予传统三纲以新的涵义：民为政纲、义为人纲、生为物纲。又对五常重新定义，将之分为两部分：五常伦，即五种经常性的需要人来处理的社会关系（天人和、族群宁、群己公、人我正、亲友睦）；五常德，即人应当具有的五种持久性的德性（仁、义、礼、智、信）。这些应是在梳理承袭传统文化精髓、分享全人类文化遗产的基础上，实践文化更新的一份思想成果。

阮仪三用他的"四性"加"五原"的理论强调了建筑与城市这种物质文明遗产的存续原则，我们似乎看到他仍在著书立说，已是耄耋之年却仍在奔走呼吁的矫健的身影：请放慢物质更新的脚步，让非物质文化遗产能够在这些建筑和城市里得以居留存续，得以与时代对话，与世界交融，让文化更新成为我们需要赶上的力行！

书院巷里出武将：谢鹤鸣

谢鹤鸣（1937年—2014年），江苏苏州人，少将，原云南省军区副司令员。

书院巷，从其名称即可见这是一处与文化、与文人有关的地方。苏州历代文人辈出、风物清嘉，至明清两朝，苏州出的状元和进士人数冠绝东南，而似乎武将则与苏州少缘。然而，1937年11月，一位未来的新中国将军就在苏州古城内的书院巷里诞生了。那时正是烽火连天的抗日战争时期，苏州为沦陷城市，这位后来的将军谢鹤鸣彼时还年幼，但他曾目睹日本兵在苏州金门码头打了一记他爸爸的耳光。他被惊呆了，便问爸爸为何挨揍。原来日本兵责怪谢父没有向他们敬礼。一种屈辱感油然而生，从此，谢鹤鸣暗下决心，将来长大后一定要当兵从军，狠狠打击侵略者！

“三岁看大，七岁看老”，这是中国人的一句俗语。少年谢鹤鸣已是书院巷里的孩子王了。他和里弄的小伙伴们在放学后常常把作业丢到九霄云外，打弹子、拍洋画、掼菱角、玩扑克、捉蟋蟀，上树攀墙、下河戏水，什么都来劲，特别是玩起“官兵捉强盗”来更是没完没了，经常天黑后才回到家，身上挂满了青一块、紫一块的“勋章”，也因此经常挨母亲的揍。虽然少年时期顽皮无拘，学习成绩并不算优秀，谢鹤鸣却显露出观察事物敏锐、胆大心细、人缘好、做事认真、号召力强的才华和禀赋。也许是书院巷隐喻的一种文韬，一处场所精神，相反相成地催生哺育出了一种武略，一位未来的共和国炮兵少将正在成长。

1954年7月，谢鹤鸣投笔从戎考入解放军沈阳高射炮兵学校，从此开启了他的军旅生涯。满载新兵的列车驶离苏州火车站，这位稚气未尽却又意气风发的17岁苏州少年在车窗前与亲友依依挥别，此时，一股壮怀天下、志在远方的男儿情结已然块垒于胸了。在北国沈阳的两年军校训练，打造了他的魁梧体魄与英武气质。40年后，《苏州日报》记者柔刚去采访他时如此描述：“见到将军时，证实了我的猜想。他不仅长得南人北相：浓眉大眼嗓音浑厚，1.76米的身高，80公斤的体重；甚至连性格都有些变了。然而，不变的是吴侬软语的乡音和纯绵崇文的气质。”也许这吴侬乡音和崇文气质，正是苏州古城书院巷里不绝的回响吧。

谢鹤鸣从1956年毕业奔赴福建前线，后又转至云南前线，经受战火洗礼、千锤百炼，从见习排长开始，从排长、副连长、连长、副营长、营长、副团长、团长、副师长、师长到云南省军区副参谋长、云南省军区副司令员，是在战斗与生死考验中一个一个台阶晋升上去的。从1958年的炮轰金门、援越抗美、援老（老挝）抗美、对越自卫反击战等野战亲历，到主持云南省军政后勤工作中的昭通山体大滑坡、丽江大地震等抢险救灾，他都身先士卒、指挥果敢。尤其是在1966年12月的越南安沛战斗中，他经历九死一生，常常是炮弹全部打光，边上的道路也被弹坑切断。有些炮弹就在身边爆炸，除了耳朵受到一些伤害外，竟然没有伤及他的身体，而很多战友却牺牲在异国他乡。这次战役以对美国空军的制胜打出了军威、国威，也被列为解放军防空战的经典载入军史。1996年2月3日云南丽江发生大地震，谢鹤鸣作为抗震救灾总指挥连夜率领40余名官兵和350名民兵赶赴灾区，在余震不断的情况下果断指挥，抢救伤员，运输物资，慰问灾民。连续5天5夜几乎没有合眼，在寒冷冬夜的帐篷内也顾不上休息，劳累过度导致左腿溃疡，但他还是坚持22天在救灾第一线，进而溃疡伤口扩大，甚至快见骨头了，留下了严重的后遗症。后来在采访中，谢鹤鸣将军不愿同记者多谈这些经历，仅简练地说了一句：“实干是硬道理。”

而很多与谢鹤鸣同学或共事过的战友们另有一句对他的评价：“勤学是硬道理。”17岁进入沈阳炮校的两年学习，谢鹤鸣要学会高炮射击理论与实际操作，完成轻重兵器的分解、组合，射击指挥，汽车结构、维修、驾驶，仪器观测，防化学，地形学等24门课目，有不少知识仅靠他当时的初中文化是无法掌握的。但是他心无旁骛，一头扎进了这个新的领域，成绩从开学时的落后状态很快就转为名列前茅。此外，他对熟练操作各种指挥仪器和兵器都下了苦功夫，以未来的指挥员应达到“看我示范”为座右铭，除了在课堂之外的晚自修上刻苦学习，还将周日休息时间都投入到钻研掌握器械装备上，常常是吃几个面包就应付一天。毕业之际，谢鹤鸣以全部科目5分的优异成绩被授予优等生称号。1964年在他担任副连长时分析出要提高37炮的命中率，关键在掌握敌机航向又负责装定航速的四炮手，他凭着自己娴熟的技能，言传身教，使一批四炮手尖子脱颖而出。在福州军区大比武中，他带领的连队先声夺人，一举夺魁，受到军区炮兵司令部首长的表彰。后来，谢鹤鸣还以熟练掌握“秒表测速”的高炮指挥法荣立三等功。1970年至1978年，他调至昆明军区炮兵教导大队任教员，仍是凭着自己娴熟的高炮操作技能、屡次实战中积累的经验，在教学岗位上干得同样得心应手，不仅被评为优秀教员，还担任了高炮教学组组长。1982年谢鹤鸣进入国防大学深造，就读于合成指挥专业时已经45岁，他的记忆力不如青年时期，又面临全新的课程，困难可想而知。但是，这两年中他坚持笨鸟先飞，虚心向合成兵种指挥员请教，加班加点消化每天的课程知识，并改进记忆方法，自创“方位记忆法”，终于攻克难关，获得高等军事教育文凭，成为国防大学的高材生，随后他从野战军指挥员调任云南省军区主持地方军务建设。也许在实干中勤学、在勤学中实干这个简单的道理，正是苏州古城书院巷里持久弥新的某种寄寓吧。

笔者记得在西安的童年时代拥有的最骄傲的玩具是两架铝合金模型飞机。一架是战斗机，一架是轰炸机，常常成为小伙伴们玩耍时争抢的爱物。这两架铝合金飞机便是用由四姑父谢鹤鸣在援越抗美时击落的美军飞机的机壳铸造而成的。本书尚未脱稿的2014年4月2日，谢鹤鸣将军因病在昆明辞世，享年77岁。谨以此文纪念追思四姑父。本文参考了《军缘：姑苏将军谢鹤鸣传略》一书，在此一并致谢。

胆小者的创造：苏童

苏童（1963年—　），中国当代著名作家。毕业于苏州第三中学，1980年考入北京师范大学中文系，现为中国作家协会江苏分会驻会专业作家。1983年开始发表小说，迄今有作品百十万字，代表作包括《园艺》《红粉》《妻妾成群》《河岸》和《碧奴》等。中篇小说《妻妾成群》入选20世纪中文小说100强，并且被张艺谋改编成电影《大红灯笼高高挂》，该片获提名第64届奥斯卡最佳外语片，蜚声海内外。

有这么一个真实的故事，说的是在20世纪60年代美国越战期间，有一位不愿意去前线的新兵应征入伍抵达越南，随后不久被驻越美军的随军心理医生鉴定为心理素质不合格，又被遣返回美国，总算得以提前退役，重返普通人的生活。若干年后，这位胆小的心理素质很差的年轻人摘得普利策文学奖的桂冠。

不知道文学是否总是和胆小者有缘，苏童即是一位自称胆小者的当代著名作家。他在回忆录《河流的秘密》一书中提到“我不是一个容易伤感的人，但我是个胆小的人，有时候我陷入无以名状的恐惧中……（小时候）我捧着那本书滞留在工厂门口的路灯下，直到父母回来才敢走进黑暗的家门。很久以后，我才知道那本书的名字是《霍桑探案》，作者程小青。如今看来被程小青的文字吓着的人大概是最胆小的人了。需要说明的是，那是我第一次阅读所谓的通俗小说，就像人生中的许多第一次一样，它对我的后来的阅读也产生了意想不到的影响。一本小说假如能使我无端地感到恐惧，我便觉得过瘾，我心目中的好看的小说往往就是一个奇怪的标准：能不能让你恐惧？”

作为一名作家，对恐惧的洞察，使苏童产生了对失败者的关注。比如他读美国作家雷蒙·卡佛（Raymond Carver）的小说后说道：“说服一个乐观主义者赏识卡佛是徒劳的，说服一个崇尚经典文学价值体系的鉴赏者去热爱卡佛同样是徒劳的，卡佛对文学样板的叛逆也是离奇的，也许他自己都没有意识到，他是如何自然地利用自身经历中的资源，成长为美国文坛上罕见的‘艰难时世’的观察者和表达者。不该被忽略的是卡佛笔下的美国人，他们身上散发的是卡佛本人的令人焦虑的那一丝酒气，它既不代表沉沦和悲剧，当然也不暗示大众印象中的积极开拓的美国精神，那一丝发苦的酒气，最多代表某种郁郁寡欢的心情。卡佛小说中的男人大多是郁郁寡欢的，让人联想到作者本人，他的工人般粗粝的外表和敏感的内心世界。他对失败的男人形象的热衷几乎令人怀疑是一种变相的自恋，一种诉诸文字的自我性格和命运的分析报告。”

从苏童的这则文学评论文字看，苏童关注的是走进胆小者、失败者的世界的深处去创造一个无限逼近真实的价值。苏童回忆自己曾在初中毕业时报考过南京海员学校，但是落榜了。一位胆小者却有这样的一种未能实现的挂帆远航的壮阔梦想，又在他后来的文学世界里宣告了河流的秘密就是奔向海洋！他认为，当一个作家的创作形成所谓的风格之后，创作危机也随即来临，如何跳出风格的陷阱，如何发展和丰富创作内涵成为作家最迫切的任务。作家要不断地向昨天的作品告别，要勇于打碎原有的一切，塑造全新的作品面貌和风格，这才是写作生命中最有意义的阶段，也是最具挑战性的创作流程。在这里，“打碎”“挑战”成了胆小者超越自我、创造世界的利器，成了这位苏州男人与自己所创造的世界进行的勇敢搏斗。《妻妾成群》《飞越我的枫杨树故乡》《罂粟之家》《米》《1943年的逃亡》《我的帝王生涯》《河岸》《黄雀记》这一部部文学名著陆续问世，其中的《河岸》使苏童成为第三届曼氏亚洲文学奖的得主。

所谓胆小者的创造，就是一个人的内在超越，它终将令人所向披靡。

从传统中创新的榜眼后人：冯晓东

冯晓东（1966年— ），苏州香山工坊集团董事长，苏州民族建筑学会理事长，苏州市香山帮营造协会副会长，中国民族建筑研究会常务理事，江苏省土木建筑学会竹木结构专业委员会副主任委员，苏州市文化创意产业联合会副会长。冯晓东1989年毕业于河海大学，毕业后进入苏州古典园林建筑公司开始从事园林古建管理工作，后进入苏州园林管理局，领导团队从事苏州古典园林的景观策划、维护修缮以及园林文化的发掘、整理工作。2006年策划投资创立的“香山工坊园林古建文化产业基地”以继承和保护“香山帮传统营造技艺”为宗旨，涵盖古建产业的策划、设计、工程、材料、文化传播等领域，成为全国独一无二的全面展示园林的建筑、文化、生活的聚集区。

苏州才子冯桂芬于清道光十二年（1832年）参加乡试，考取举人。同年，林则徐任江苏巡抚时，识拔了素昧平生的冯桂芬，称他为“百年以来仅见”的人才，并招入抚署读书，收为学生。后来冯桂芬又参加道光二十年（1840年）庚子科礼部试、殿试，钦赐一甲二名进士及第，授翰林院编修。他在著作《校邠庐抗议》中提出“以中国之伦常名教为原本，辅以诸国富强之术”，即为“中学为体，西学为用”的洋务派思想的源头，也被资产阶级维新派奉为思想先导。俞樾曾经赞扬他“于学无所不通，而其意则在务为当世有用之学”（《显志堂集序》）。如果说冯桂芬是晚清时期力求将传统与创新相结合、强调学以致用的一位著名学人的话，那么他的后代冯晓东则是倾身投入苏州古典园林事业，以创意家的睿智和实业家的气质，在源流传统中追求创新的一位卓尔不凡的榜眼后人。先说说其实业家的气质。中国传统社会的儒商最典型的气质是讲究“中庸、中道、中和”，大凡与冯晓东见面过的人士，对他待人接物、言谈举止中或显或隐的这种“中庸、中道、中和”的气质都印象深刻。他的办公室内常常是来自五湖四海的高朋满座，他却缄口不提祖先冯桂芬，仅是在每年的某个冷清的秋天，独自一人去木渎镇的榜眼府第冯桂芬故居看看，坐在显志堂内沉思片刻。他和祖先冯桂芬都是秋天出生的，冯桂芬生于1809年，冯晓东生于1966年，这157年的时间差别，也许并不妨碍二位冯氏在对待传统和创新上的生命节律。

冯晓东于1989年从河海大学工民建专业毕业分配入苏州园林局工作，从苏州古典园林建筑公司的基层施工员干起，历任项目经理、园冶设计室主任、总经理，2002年公司转制为苏州园林发展股份有限公司时，时年仅36岁的他担任董事、总经理，成为主持中国南方地区最具规模、历史最悠久的园林古建集团企业的掌门人。2004年冯晓东从苏州园林系统辞职下海，创办了以风景园林策划设计和工程监理为主导的顾问咨询公司。从此，酝酿已久的从传统中创新的某种运营理念，通过他随后主持的一项项声名卓著的风景园林项目和地标工程建设充分表达了出来。2004年至2005年的虎丘风景名胜区西扩工程策划设计，2005年至2007年的苏州旺山景区总体规划设计与开发，2006年至今的国家级非物质文化遗产“香山帮传统建筑营造技艺”的保护传承基地——香山工坊的创立和建设运营，2011年至今的香山帮传统木结构迈向现代木结构的科技研发和工程建设，等等，这些都是依托传统历史文化资源、自然资源和地域资源，通过理念创新、技术创新、运作创新等手段，将源流传统的中国园林古建文化产业打造为宜时、宜居、宜游、宜商、宜文的当代生活方式综合体，并以香山工坊为文化风情小镇模式，推广复制到大江南北、全国各地，甚至远播海外。不仅台湾省的香山工坊正在策划筹建中，美国亚特兰大市的亚洲村项目也是冯晓东坚持数年之功，将香山工坊复制传播到北美大陆的一项大规模的风景园林式地产项目。“中庸、中道、中和”作为传统的精粹，也成了他在事业上安身立命、恪守敏行的原则和气质。

再说说创意家的睿智，冯晓东的创意不同于一般意义上的文化艺术创意，而是以“捷运、捷径、捷达”为特色的运作式创意，因而也就能将文创产业与传统产业、与科技创新、与世运人心巧妙嫁接结合，创造出一种独具睿智敏捷魅力的功名大业。

比如从“捷运”来说，2004年他创业伊始，首个顾问咨询项目《虎丘风景名胜区西扩工程策划设计方案》完成后，曾经历了一段较长的业务低谷期，长达半年多没有第二个项目进账。正在一位友人私下称冯晓东的公司将撑不住了之际，苏州日报报业集团《城市商报》的“今日关注”整版刊发了冯晓东及虎丘景区西扩策划设计项目的长篇通讯报道，一时在苏城引起了很大的影响。毕竟虎丘是苏州的地标，而虎丘西扩工程将引入的高科技旅游设施装备，以及和国际接轨的旅游休闲管理系统等策划方案引发了市民热议与政府的关注。其中对冯晓东来说堪称“捷运”的好运气来临了——吴中区越溪街道旺山村的村支书带着报纸，一路辗转找到了冯晓东公司的办公楼，于是后来被国家列为社会主义新农村建设示范基地的旺山景区就从冯晓东的纸上蓝图一跃成为享誉华东地区的著名休闲度假区。随着“捷运”的光临，不仅冯晓东公司的新业务项目应接不暇，而且“捷径”也得以发现和实践。

“捷径”是在忙于各类景区的策划设计之际发现的。冯晓东一直对自己曾投身15年之久的苏州古典园林事业情真意切，他总觉得应该在依托和发掘苏州园林这个传统品牌上开创出一片中国园林古建产业的大天地。凭着创意家的睿智，他终于发现：苏州古典园林的建造是由历代的香山帮匠人实现的，而“香山帮传统建筑营造技艺”的发源地就在苏州西郊的胥口镇香山村一带，至今已有600年历史了，但是在当代这项技艺遗产又面临着失传的困境。于是，与当地政府联手将“香山帮传统建筑营造技艺”申报为国家级非物质文化遗产项目，同时就在胥口镇创立香山帮技艺的保护传承基地，即打造中国唯一的园林古建文化产业基地成为冯晓东事业不懈、致远必达的一条捷径。而今，冯晓东与胥口镇政府合作开发的占地380亩的香山工坊园林古建文创产业聚集区已经基本建成，并屡获文化部、江苏省厅、苏州市和吴中区各级政府的各类嘉奖与扶持。香山工坊也成为苏州创意产业的一块金字招牌。

若是说到“捷达”，可举一例：以香山帮古建为代表的苏州园林古建筑是苏州一张独特的文化名片，而中国古代建筑有别于其他建筑的最大特点，就是它的木结构，所谓“墙倒屋不塌”讲的就是这个优势。但是，面对现代功能、建筑成本、木材资源三大制约因素，传统古建也遭遇到前所未有的挑战，不少古建项目只能采用钢筋混凝土的仿木施工技法，这让建筑韵味失分不少。香山工坊则将古建筑技艺与科技创新相结合，巧妙地为传统木结构注入了现代灵性，走出了一条从传承中创新的捷达之路，即从传统木结构迈向现代木结构之路。由此，现代木结构使用的小木片也可以造出“大家伙”。

位于胥口镇的胥江古运河上，一座长120米、宽6米的木结构拱桥“胥虹桥”静静横卧。这座以75.3米跨度创下国内跨度最大纪录的拱式木结构桥，是香山工坊突破木结构技术难题，将传统古建营造技艺与现代科技相结合的代表作。用木头造桥，在人类历史上并非新鲜事，但要用木头造出跨度如此大的桥，却绝非易事。而更神奇的是，造这座桥，一共用了400立方米木材，全部采用7厘米宽、3厘米厚、2米左右长度的小木条拼接胶合而成。在木材资源日益紧张的今天，要找到这么大跨度的天然木材来作桁梁，几无可能。就算找得到，这根木头到底荷重多少，能否经受住自然开裂、虫蛀、腐烂等考验，也完全是未知数。这些问题正是制约传统古建发展的瓶颈。为此，香山工坊首先在材料上突破创新，把新技术、新材料引进古建施工中。用规格木板胶合集成，成为香山工坊在木结构建筑上的重大创新突破。这种工艺采用次生和三生树林、人造林的小树制成大型胶合构件，任何尺寸的木片、木条、木方，都可以用来胶合集成大型的木材，在胶合集成的过程中，同时对木材进行防火、防腐、防虫、防霉等处理，使它达到可以控制的硬度、承重。伴随建筑材料的创新，香山工坊木结构营造技术也得到根本性突破，从原本只能用于造三层以下轻型建筑，一跃捷达至大型体育场馆、学校礼堂、大型休闲会所和旅游景区等重型木结构领域的拓展。冯晓东也以江苏省土木建筑学会竹木结构专业委员会副主任和苏州市文化创意产业联合会副会长的睿智身份蜚声学界和业界。

话题最后回到冯桂芬。冯桂芬晚年移居木渎后，在家开办修志局，编撰成《苏州府志》153卷。曾先后主讲南京惜阴、上海敬业、苏州紫阳、正谊诸书院约20年。所学甚博，经史掌故之外，于天文、舆地、算学、小学、水利、农田皆有讲求。对当时的河漕、兵刑、盐铁等问题尤有研究。他论学不为门户之争，能接受资本主义影响，主张“采西学、制洋器”，一度名重大江南北。而榜眼后人当代苏州的冯晓东也应是无愧于他的祖先的吧。

苏州大叔的真挚人生：吴秀波

吴秀波（1968年—　），祖籍苏州，生于北京，中国内地男演员。1988年毕业于中央戏剧学院表演系。1996年发行创作的音乐专辑《爱之战》。凭借2010年电视剧《黎明之前》获得第26届中国电视金鹰奖最佳表演艺术男演员奖和受观众喜爱的电视剧男演员奖、华鼎奖最佳男主角奖、上海电视节最具人气男演员奖等多个奖项；2011主演电视剧《请你原谅我》；2012年主演电视剧《心术》；2013年主演电视剧《赵氏孤儿案》，同年主演的电影《北京遇上西雅图》成为华语爱情片票房冠军。

提起吴秀波，很多人可能不知道他的故乡是苏州。他的祖父在民国时期在苏州的浒关镇拥有蚕丝厂。父亲也是从小生活在苏州，后来迁居北京成为新中国的一名外交官。吴秀波年仅20岁即从中央戏剧学院表演系毕业，45岁时大器晚成，主演电影《北京遇见西雅图》刷新国产爱情片票房纪录，成为万众瞩目、家喻户晓的爱情大叔。媒体称："他的极具魅力的雅痞形象使其成为时尚界宠儿。"

吴秀波从20岁出道至45岁方才大红，其间的20多年中磨难、机遇、创业、发财、破产、回归演员等人生轨迹一直伴随着他沉浮不定。正是这种半生沧桑的阅历和沉浮，使他兼具了优雅与狂放、激情与低调、讷言与敏行、进取与感恩、节制与超越、南人与北相这些对立组合式的气质心性，而贯穿他这半生的曾经折磨他、锤炼他、成就他，也一定是在继续考验他的最宝贵的一种禀赋，那就是：真挚。

无论是17岁时曾被误诊为直肠癌而开刀所必须面对的生死观，还是创业、经商、开饭馆所带来的大起大落、大喜大悲，以及在妻子怀孕后他发现自己口袋里所剩无几时的恐慌与决绝，甚至是在意识到作为父亲的儿子成为儿子的父亲时自己处于人生中道位置的顿悟，吴秀波始终没有丢失的是这种真挚。

成为蜚声海内外的偶像大叔后，他在接受《凤凰网》的采访时曾表达了一些感悟："演戏是翻不完的跨栏，只能不停地跨越"，"演戏是用真性情来表达虚假事情"，"演戏即做梦，演员一定要有幻觉"，"瞬间的真实是演员最佳的状态"，"当我在一边发呆时，其实是脑子里在和自己聊天，没闲着"，"一个男人只有在男人圈里得到肯定，才是合格的"，"生命的轮回就是当儿子成为父亲后认识到的世界"，"人生就是一种安度"……正是这些真挚，使他收获了友谊、爱情、家庭、事业和雅量。

这最后一项的雅量，从外在而言即是他那迷人的雅痞形象，内在来说，这不仅是他人到中年千锤百炼、心性打磨后的内涵气质，更是源自故乡苏州的一种场所精神的雅量观照。他曾对苏州的记者说：“我拍《兄弟门》时特意到了苏州，在园林里一坐，我就突然明白了，自己虽然身处演艺圈，但骨子里为何总有一份挥之不去的安静，这就是故乡苏州冥冥中赋予我的。”

安静就是真挚进入了雅量的状态，它安顿了吴秀波一个真挚的人生。

主要参考资料

朱红.话本苏州简史.苏州：古吴轩出版社，2006.

玉兰散人，拙石.园疑：与苏州园林有关的金钱、政治、欲望.北京：中国建筑工业出版社，2013.

岳俊杰，蔡涵刚，高志罡.苏州文化手册.上海：上海人民出版社，1993.

吴趋.姑苏野史.南京:江苏文艺出版社，1992.

苏简亚.苏州历代人物小志.上海:百家出版社,2005.

余世存.中国男.北京:九州出版社，2010.

余世存.大民小国.南京:江苏文艺出版社，2012.

柯继承.苏州望族秘事.苏州:苏州大学出版社，2013.

陈其弟.桃花坞.苏州：苏州大学出版社，2013.

缪学为，詹刚.共和国记忆：60个有影响的苏州人.苏州：古吴轩出版社，2009.

王宏志."卖身事夷"的王韬：当传统文士当上了译者.复旦学报（社会科学版），2011（2）.

陈世华，胡启南.王韬对外传播思想探析.南昌大学学报（人文社会科学版），2011（6）.

张洪良.立山猛作狮子吼：南社诗人朱梁任简论.聊城大学学报（社会科学版），2010（3）.

陈珍棣.柏乐文与博习医院.苏州杂志，2004（2）.

苏国勋.社会学与文化自觉3：学习费孝通"文化自觉"概念的一点体会.社会学研究，2006（2）.

梅凯.苏州博习医院早期历史研究（1883—1927）.苏州大学硕士学位论文，2013（4）.

张晖.俞平伯的淑世情怀.南方都市报，2010-12-15.

苏迷.朱梁任与民国苏州市.（2011-3-22）［2014-6-5］
http://www.360doc.com/content/11/0322/16/5701732_103572895.shtml

纪有志.王韬在中外文化、文学交流中的贡献.（2012-1-6）［2014-6-10］.
http://blog.sina.com.cn/s/blog_6474c3420100zkz7.html

兰庆伟.颜文樑与苏州美专.（2010-3-19）［2012-6-19］
http://www.douban.com/group/topic/10388549/

于京一.重读陆文夫的《美食家》.（2006-5-24）［2014-6-22］
http://dzrb.dzwww.com/dazk/dzds/t20050722_1132423.htm
余斌.夭折的留学.（2012-5-24）［2014-5-20］
http://news.ynxxb.com/content/2012-5/24/N98226005229.aspx
杭迅.顾诵芬为圆强国航空梦.（1999-10-1）［2014-6-21］
http://wenku.baidu.com/view/c3f56f1ca300a6c30c229f9b.html
田晓春.苏州唯亭顾氏文化世族论略.国家图书馆资料.（2011-10-9）［2014-5-20］
http://www.chens.org.cn/xs/news/?2926_2.html
黄波. 俞平伯留洋何以成“笑谈”. （2013-11-26）［2014-6-29］
http://zixun.kongfz.com/article_32734.html
李婷. 革新派、慈善家、文人三位一体的谢家福.苏州日报，2012-04-10.［2014-6-27］
http://www.subaonet.com/cul/2012/0410/903381.shtml
朱宗震.程德全：辛亥反正第一人.南方周末，2011-02-25.［2014-6-30］
http://www.infzm.com/content/55580

备注：本书所用人物图片皆来自互联网，未及联系的图片作者请联络：

融境传播

harmonyscaper@163.com

跋

POSTSCRIPT

我家三代算得上是苏州土著，家住繁华阊门外的山塘街。记得儿时最喜欢吃的就是老街上的梅花糕，那种糯、香、甜的地道苏州口味，如今已经很少去特意寻觅了。光阴荏苒，这一路上是伴随着苏州从一座传统内敛的古城走向现代开放的大城。当代苏州在对外来文化的融合汇通中，也发展出了自身中西合璧的创新模式，在精致优雅中越来越展现出隽永大气的格局。

长期以来投身于健康管理和儿童运动康复事业，其间也结识了五湖四海的朋友，他们中间不少人因为喜欢苏州，喜欢苏州的春夏秋冬，也迁来苏州定居。作为新苏州人，现在他们甚至比我更喜欢苏州，喜欢在这方闲适精致又充满正能量的城市中去思考生活的价值和意义。

尽管苏州是如此宜居的一座城市，但是也在遭遇一些发达地区的城市病。如，儿童期的近视、超重肥胖、哮喘、糖尿病及心理疾病逐年增加，儿童青少年身体素质也每况愈下。据世界卫生组织（WHO）标准，学龄前后的儿童青少年每天应该有2至4小时的户外活动量，而这个标准估计现在大多数的中国儿童少年是无法拥有的。因此，这让我感到，《苏州男人》这本书未能收录苏州历史上的体育名人似乎是略显遗憾的。例如曾代表中国参加1936年德国柏林奥运会的苏州短跑名将程金冠、著名的中国女排教练袁伟民、奥运会羽毛球冠军张军等人。

不过，初读此书我还是挺兴奋的，它至少给读者还原了一种有别于传统或既成观念中的苏州男人，再现了他们的别样人生。这些都给予我这位普通的苏州男人以启迪和激励，让我能更直观地回望苏州的历史，感受这些苏州男人所给予的一份力量，让我去探寻那些姑苏精神的源泉。

本书的出品人文武于我亦师亦友，特意嘱我为此书作后记，于是我勉强写了以上这些，还望两位作者和读者指正。

最后，祝福故乡苏州，恭祝各位苏州男人勇猛精进。

注册健康管理师　孙卫唯

2014年8月